Christian BAYA DIAKILEKE

Transformação digital: uma alavanca para uma gestão empresarial óptima

Christian BAYA DIAKILEKE

Transformação digital: uma alavanca para uma gestão empresarial óptima

"Experiência do Instituto Superior de Gestão de Kinshasa"

ScienciaScripts

Imprint
Any brand names and product names mentioned in this book are subject to trademark, brand or patent protection and are trademarks or registered trademarks of their respective holders. The use of brand names, product names, common names, trade names, product descriptions etc. even without a particular marking in this work is in no way to be construed to mean that such names may be regarded as unrestricted in respect of trademark and brand protection legislation and could thus be used by anyone.

Cover image: www.ingimage.com

This book is a translation from the original published under ISBN 978-620-6-70147-7.

Publisher:
Sciencia Scripts
is a trademark of
Dodo Books Indian Ocean Ltd. and OmniScriptum S.R.L publishing group

120 High Road, East Finchley, London, N2 9ED, United Kingdom
Str. Armeneasca 28/1, office 1, Chisinau MD-2012, Republic of Moldova, Europe
Printed at: see last page
ISBN: 978-620-8-29542-4

Conteúdo

EPIGRÁFICO

"A maior dificuldade na Transformação Digital é mudar a roda do carro sem o parar".

Michael Dell, fundador da Dell

DEDICAÇÃO

À minha querida esposa, Ngiangalele Rachel BAYA, pela sua orientação, pelo seu amor inabalável e pelo seu apoio como minha esposa e companheira.

Aos meus pais : **BEYA WA BAYA NIMBAMBA Daniel e MVUMBI MAYELA Brigitte**, porque graças a eles existimos e pelo seu amor para connosco.

Aos meus irmãos e irmãs: Furio BAYA e sua mulher Kezia BAYA, Hugo NSUMBU, Arleine MAKANDA, Ruth BAYA, Hugor BAYA, Edy NIMBAMBA KEMBO, Bonald BAYA NSUMBU, Deborah BAYA, Nadege MATENDA, Nadine BAYA, Moise NKUNDA, Daniel NKUNDA, IsacK NKUNDA, Fifi MAPOKO...

Aos nossos sobrinhos e sobrinhas: Nave NTAMBUE, Henoch, Salomé, Nordeline Kimfuta,

Aos meus cunhados: Baby NYONGONI, Olivier NTAMBWE e LUTUMBA, que honraram a nossa família ao aceitarem as nossas irmãs, que vivem com eles, como esposas.

Aos nossos outros cunhados e cunhadas: Nathan LANDU, Rhodesie, Niclette MAYINGA, Magalie LANDU.

Aos nossos amigos e às suas mulheres: MVUENGA Gaby e Francine MVUENGA, Guylain NDALA e Noella NDALA, VITA Chicco.

Christian BAYA DIAKILEKE

AGRADECIMENTOS

É obrigação de todo o estudante escrever um artigo científico no final de um determinado ciclo de estudos superiores e universitários. De acordo com este princípio, temos o prazer de ter passado os dois últimos anos do nosso mestrado no Institut Superieur de Gestion de Kinshasa, em ***Comunicação Digital***, para formação e integração de novos conhecimentos, como docente na Universidade.

O nosso agradecimento vai, em primeiro lugar, para o nosso Deus criador e omnipotente Jeová, que nos permitiu acrescentar um novo curso e capitalizá-lo, apesar das muitas dificuldades, especialmente no que diz respeito à conciliação dos estudos e das responsabilidades. A realização desta tese de mestrado é uma verdadeira demonstração de que o bom Deus está sempre do nosso lado.

Os nossos agradecimentos vão também para o Promotor e Secretário Permanente do Conselho de Administração dos Institutos Superiores de Gestão, Sr. **BUGEME CHIRABA Jerome, Professor Ordinário,** que nos encorajou fortemente nesta iniciativa.

Gostaríamos de expressar os nossos sinceros agradecimentos ao **Professor Celestin NIKIANA MAZAMBA**, que se disponibilizou totalmente para a direção e supervisão que levaram à conclusão deste trabalho, apesar das suas outras ocupações. Que o bom Deus lhe conceda muitas bênçãos.

Não podemos esquecer o encorajamento dos nossos queridos colegas professores, que nos permitiram prosseguir este caminho, nomeadamente: CT Robert KADIMA, CT Blaise BUATA, CT Jules TSHINYAMAN TSHITOKO, CT OTSHINGA Bathy, CT BONONO, CT Francis Kahembe, CT Ficher, 1'Assistant Severin BULAYA...

Gostaríamos de expressar a nossa profunda gratidão ao pessoal académico, científico e administrativo do Institut Superieur de Gestion de Kinshasa, sem esquecer todos os outros supervisores e assistentes do ISG-Kinshasa.

Não posso terminar sem agradecer aos membros do Comité de Gestão do Institut Superieur de Gestion de Kasangulu (ISG-KAS) pela sua estreita colaboração: o Secretário-Geral

Académico honorário, CT MANGA BUANANDEKE Gerard, o atual Secretário-Geral Académico BM NYEMBWE TSHIMPAKA Jean-Claude, o Secretário-Geral para a Investigação CT Pere Alain-Marie CIMANGA MABIKA.

Gostaríamos de agradecer a todo o pessoal administrativo do ISG-Kasangulu, que se disponibilizou durante o tempo que levámos a realizar a nossa investigação, que resultou nesta tese de mestrado: TSHABU MABIKA Plamedie, MFUTILA MAYINGA espoir, MASSAMBA MAMPUYA, NDEKO ABILI e Appariteur NDANDU Jose.

Finalmente, gostaríamos de expressar os nossos sinceros agradecimentos a todos aqueles que nos apoiaram, direta ou indiretamente, mesmo que os seus nomes não apareçam nesta obra.

Christian BAYA DIAKILEKE

Perante as transformações que ocorrem no ambiente atual (concorrência feroz, mudanças tecnológicas, robotização, globalização, etc.), ninguém pode negar que a "*Transformação Digital*" representa uma alavanca essencial e incontestável para otimizar a Gestão e o Desenvolvimento integral de qualquer empresa preocupada em preservar a sua sobrevivência.
A presente tese de mestrado em Comunicação Digital propõe estratégias de inovação eficazes que, individual ou coletivamente, contribuirão para tornar o Institut Superieur de Gestion e o seu pessoal mais competentes e, subsequentemente, para integrar a inovação em todos os sectores de atividade, principalmente os do Ensino, da Investigação e da Administração.
Especialistas, empresários, gestores de empresas e até políticos, hoje em dia todos devem concordar que a inovação é essencial. Mais do que nunca, ela é o motor do crescimento nos países desenvolvidos e a chave da competitividade das empresas. Mas trata-se de um fenómeno complexo que parece difícil de dominar.
A inovação é um processo que não pode ser controlado, mas sim gerido. A inovação é um processo que não pode ser controlado, mas sim gerido, graças à **transformação digital**, que, por sua vez, traz consigo o surgimento de novas competências e perturbações, incluindo para os **gestores de todos os sectores de atividade da ISG-Kin**, que têm de enfrentar novos desafios.
Nesta tese de mestrado, a inovação é analisada sob o prisma da organização interna e da gestão dos recursos humanos. Consideramos o Institut Superieur de Gestion de Kinshasa (ISG-KIN) como um produto em evolução, ou seja, um produto com um ciclo de vida desde a conceção até à fase atual, a que chamamos ***"Maturidade"***.
Assim, graças à transformação digital, 1 inovação de produto corresponderá ao lançamento de um novo produto ou de um produto existente, mas incorporando novas funcionalidades, nomeadamente a digitalização da Biblioteca para promover a investigação científica através do acesso em linha, a integração

do Tele-Learning, a valorização do trabalho do pessoal e a emergência de uma nova organização do trabalho e a digitalização dos processos financeiros da instituição.

Christian BAYA DIAKILEKE

INTRODUÇÃO GERAL

0.1. Antecedentes do tema

O desenvolvimento das novas tecnologias nos últimos anos e o aumento exponencial dos volumes de dados recolhidos e tratados provocaram grandes mudanças nas empresas.

Nesta era digital, as empresas têm de enfrentar dois desafios principais: por um lado, a necessidade de reatividade face à globalização dos mercados, ao aumento da intensidade da concorrência e ao poder crescente dos clientes e, por outro lado, o rápido desenvolvimento das tecnologias da informação e da comunicação que favorecem as trocas tanto no interior de uma organização como no exterior (Louart, 1996; Kalika & al., 2000).

Perante estas mudanças no ambiente contemporâneo (concorrência feroz, evolução tecnológica, robotização, globalização, etc.), ninguém pode negar que *a "transformação digital"* se tornou um fator essencial e incontestável para otimizar a gestão e o desenvolvimento integral de qualquer empresa preocupada em preservar a sua sobrevivência.

A forte posição que a transformação digital ocupa na empresa deve-se principalmente, por um lado, à sua capacidade de resolver problemas complicados que exigem muita reflexão por parte dos gestores e, por outro lado, à sua notável evolução ao longo do tempo.

Importa ainda referir que a transformação digital implica necessariamente a integração de um novo sistema de gestão, o que nos leva a afirmar que a gestão é uma ferramenta para desenvolver o desempenho económico e social da empresa.

O nosso campo de investigação centra-se inicialmente na transformação digital, que introduz diretamente

1 inovação. Daí a presença neste trabalho de vários conceitos de gestão, nomeadamente: gestão da inovação e gestão dos sistemas de informação, com o objetivo de "*implementar técnicas e sistemas de gestão destinados a criar as condições mais favoráveis ao desenvolvimento de inovações*" (OCDE, 1997).

E embora esta questão seja uma das principais preocupações do mundo empresarial, a investigação que lhe é dedicada encontra-se ainda numa fase embrionária (Read, 2000). Apesar do crescente interesse pelo tema, este sofre de uma falta de agregação de teorias e resultados já obtidos, principalmente na República Democrática do Congo.

Trata-se de um vasto campo de investigação, bastante fragmentado e cheio de incertezas. Como não é nossa ambição compilar todas as análises já efectuadas sobre este assunto, optámos por especificá-lo no quadro de uma organização, para ganhar em relevância.

Assim, o nosso campo de investigação não abrangerá as aplicações macroeconómicas da inovação. A análise das políticas gerais de inovação das autoridades públicas que actuam a nível nacional ou continental será, portanto, excluída do presente estudo.

Em vez disso, queremos concentrar-nos nas fontes de inovação a nível organizacional e de gestão (análise microeconómica) e na forma de a integrar numa organização, como é o caso principalmente no Institut Superieur de Gestion de Kinshasa.

A organização como exoesqueleto da estrutura interna de uma empresa e o desenvolvimento da criatividade através da transformação digital e da gestão dos recursos humanos serão, por conseguinte, os nossos principais domínios de investigação. As questões de marketing, financiamento e proteção das inovações não serão abordadas.

Os BigData estão a trazer novas ferramentas de tomada de decisão e de gestão do desempenho, nomeadamente a possibilidade de instalar software de planeamento de recursos empresariais (ERP).

O software ERP, que significa Enterprise Resource Planning, pode ser traduzido para francês como PGI, que significa **Progiciel de Gestion Integree.** Mas o que é o ERP? Trata-se de um conjunto de aplicações informáticas de gestão destinadas a otimizar toda a cadeia de abastecimento de uma empresa.

O software ERP permite-lhe planear melhor os recursos da sua empresa, reduzir os custos de produção e até aumentar a produtividade. Por outras palavras, é uma ferramenta versátil e completa, mesmo que por vezes seja complexa.

Esta tese de mestrado propõe uma transformação digital de todos os processos de gestão, principalmente das actividades financeiras, das actividades de ensino, das actividades administrativas e da investigação científica no Institut Superieur de Gestion de Kinshasa, graças à digitalização de todos estes sectores de atividade.

Reunindo uma série de funções, este sistema permitirá ao ISG-Kinshasa prestar um melhor serviço aos seus alunos através da sua **Gestão da Relação com o Cliente** (que é a arte de criar, desenvolver e manter uma relação privilegiada com cada cliente para o seu negócio), controlar melhor os processos de checkout e até apoiar a instituição na produção, optimizando as suas capacidades de fabrico.

A **transformação digital da** empresa está a trazer consigo novas competências e mudanças, e novos desafios, em particular :

> Implementação de uma transformação organizacional ;
> Digitalização da biblioteca ;
> Integração de novas estratégias de gestão do fluxo de informação;
> Adaptar as ferramentas às necessidades dos alunos e dos professores;
> **Criação de valor** para uma **visão realista e em tempo real** das acções realizadas no terreno e
> Convergência dos fluxos financeiros para assegurar um controlo racional.

Atualmente, mais do que nos anos anteriores, o Institut Superieur de Gestion de Kinshasa é confrontado com um certo número de realidades. Algumas dessas realidades são a globalização dos seus domínios de ação, a intensificação da concorrência e o aumento do fluxo de informação no seu seio. Quais são as soluções para os problemas da globalização?

O Institut Superieur de Gestion de Kinshasa identificou quatro soluções-chave para os desafios do crescimento baseado na globalização:

> Optimize os seus processos empresariais. ...
> Melhore as suas práticas comerciais e de marketing através de novas formas de sensibilização que lhe permitam inscrever

vários alunos,

- Recrutar e manter os melhores professores disponíveis. ...
- Gerir corretamente as finanças.

Uma empresa de sucesso é aquela que domina a forma como organiza as suas actividades e que nunca deixa de acompanhar o ritmo dos tempos. Qualquer bom gestor é movido pelo desejo de ser bem sucedido. Independentemente da sua dimensão, as empresas estão a recorrer às Novas Tecnologias da Informação e da Comunicação (NTIC) para melhorar a sua atividade.

As motivações por detrás desta mudança para as novas tecnologias são sedutoras. Redução dos erros, facilidade de gestão, redução do horário de trabalho, diminuição das fraudes e dos desvios de fundos das propinas dos estudantes. Todos os sectores da empresa devem, portanto, beneficiar das vantagens das novas tecnologias através da transformação digital.

A contabilidade e a gestão financeira desempenham um papel muito importante no sucesso das empresas. Para serem bem sucedidas, as empresas devem colocar a tónica nestes dois elementos.

No passado, a contabilidade não passava de um órgão estático e histórico que registava os acontecimentos passados para determinar a situação e os resultados no momento da elaboração do balanço (VERHUST, 1995).

Atualmente, a gestão dos fluxos financeiros assume um papel cada vez mais importante no sucesso das empresas e deve ser conservada de forma especial. No entanto, muitas empresas ainda o conservam manualmente e efectuam a sua análise financeira de forma tradicional, o que as expõe a muitos erros, como é o caso do Institut Superieur de Gestion de Kinshasa.

Desde há algum tempo que as universidades têm de gerir grandes fluxos de informação e enfrentar grandes desafios. Estão também expostas a um vasto leque de questões empresariais, como a concorrência, a determinação dos custos, etc. Consequentemente, necessitam também de um conjunto de ferramentas de gestão que as ajudem a tomar as decisões corretas no dia a dia. A transformação digital está a revelar-se omnipresente na resolução destes problemas.

A digitalização da gestão contabilística ajudará o ISG-Kinshasa a reduzir o risco de erro e de fraude. A transmissão automática de dados reduzirá os erros de introdução de dados. A capacidade do software para efetuar cálculos evitará erros de cálculo. A automatização de certas tarefas permite evitar o esquecimento do tratamento ou do envio de dados. Por último, as cópias de segurança reduzem consideravelmente o risco de perda de dados.

A transformação digital é o processo de substituição completa dos processos empresariais manuais existentes pelas alternativas digitais mais recentes. Este tipo de reinvenção afecta todos os aspectos de uma empresa e não apenas a tecnologia.

As empresas procuram criar valor através da implementação de sistemas de informação que gerem ganhos tangíveis e intangíveis. Para isso, estão constantemente a investir em sistemas de informação para melhorar o desempenho e gerar resultados.

Para apoiar este desenvolvimento, as empresas recorrem a sistemas informáticos. O crescimento deste investimento tem sido exponencial nos últimos anos, devido à pressão da procura de equipamento informático, ao desenvolvimento de redes internas e externas, à aquisição de software e ao desenvolvimento de novas aplicações. Além disso, a par destes grandes investimentos, o peso da manutenção informática está a aumentar.

No entanto, os gestores questionam a pertinência e a eficácia destes investimentos devido ao encargo financeiro que representam e ao risco para a empresa em caso de fracasso.

Neste trabalho, vamos analisar o contributo dos sistemas de informação para a empresa, seja em termos de investimento, de ferramentas ou de utilizadores, e explicar o seu impacto no desempenho das organizações e, mais particularmente, nos estabelecimentos de ensino superior e universitário.

Com efeito, o desempenho, conceito polissémico, perde-se tradicionalmente numa perspetiva financeira em que a satisfação dos acionistas, enquanto partes interessadas, é privilegiada (L. Batsch, 1996).

No entanto, este facto pode ser ultrapassado através de uma

avaliação multicritério em que os interesses de todos os intervenientes são integrados (R.S. Kaplan e D.P. Norton, 1996; G. Charreaux e P. Desbrieres, 1998).

0.2. Problema

Atualmente, os sistemas de informação (SI) são essenciais para o bom funcionamento, o desempenho e a competitividade das empresas. Todos os gestores devem compreender e dominar o seu funcionamento, potencialidades e riscos essenciais.

É necessário saber o que são, como influenciam a organização e como podem melhorar o trabalho de cada indivíduo e de cada equipa, tornando assim a organização mais eficiente.

Se o SI é um trunfo na competição empresarial, é também um elemento altamente crítico. A sua robustez e fiabilidade são primordiais, como ilustra o presente trabalho, que visa otimizar os sistemas de gestão do Institut Superieur de Gestion de Kinshasa, ISG-KIN.

Todas as empresas precisam de gerar lucros e, ao mesmo tempo, otimizar o seu sistema de gestão. O Institut Superieur de Gestion de Kinshasa, ou abreviadamente ISG-KIN, tem grandes problemas com a gestão dos fluxos financeiros, principalmente as propinas académicas, a gestão do acesso à biblioteca na sequência do aumento crescente do número de estudantes e da capacidade, a gestão do pessoal (administrativo, docente, estudantes e trabalhadores), a gestão do ensino, ...

De facto, apesar de ser uma instituição de gestão, constatamos que os métodos de trabalho se mantiveram tradicionais.

Por exemplo, no que se refere ao processo de gestão das propinas académicas, os recibos de pagamento ainda são compilados manualmente e registados em cadernos com os dados de todos os estudantes que pagam.

Consequentemente, é difícil encontrar facilmente informações sobre o estudante que pagou a taxa, porque não se sabe em que documento (livro de registo) se encontra essa informação e alguns estudantes têm vários códigos para si próprios.

Esta situação põe em causa a gestão deste importante processo de gestão das propinas académicas, uma vez que é o principal processo que permite ao ISG-KIN gerar receitas.

Um segundo caso é o da biblioteca principal do Institut Superieur de Gestion em Kinshasa, que tem capacidade para 30 pessoas, quando o número estimado de estudantes é atualmente superior a 18.000.

Se assumirmos que 60 alunos podem consultar esta biblioteca todos os dias, serão necessários mais 300 dias para que todos os alunos tenham acesso a ela, o que equivalerá a 10 meses, ou seja, ainda mais do que o período previsto para um ano letivo inteiro.

Tendo em conta o que precede, o nosso problema pode ser resumido nas seguintes questões:

1. Enquanto sistema evolutivo (produto) em fase de maturidade, o que fazer para garantir a emergência do Institut Superieur de Gestion de Kinshasa num ambiente competitivo?
2. Que medidas conduzirão à integração da transformação digital no Institut Superieur de Gestion de Kinshasa?
3. Porque é que vemos a transformação digital como uma alavanca para otimizar a gestão empresarial face à globalização?
4. Como é que a gestão da inovação pode ser uma alternativa eficaz para sustentar a inovação?

0.3. Pressupostos

Nesta fase, o objetivo é dar respostas provisórias às questões colocadas no problema.

Desde a sua criação, o Institut Superieur de Gestion encontra-se numa fase de maturação.

Assim, para assegurar a sua emergência, o Institut Superieur de Gestion de Kinshasa deve integrar um novo tipo de gestão, a que chamamos: Gestão da Inovação.

Nessa altura, considerando a instituição como um produto, esta será transformada num novo produto. Para isso, é preciso pensar em termos de inovação total, como um pilar da estratégia da empresa.

Por outras palavras, a implementação de uma abordagem estratégica que perpetua os processos inovadores na empresa.

A inovação tornou-se uma questão importante num mundo globalizado onde a concorrência nunca foi tão competitiva, particularmente nos países desenvolvidos.

É também uma enorme fonte de crescimento económico, como o demonstra o paralelismo das curvas de patentes concedidas, a taxa de crescimento e a riqueza gerada pelas empresas inovadoras.
No que respeita à integração da transformação digital no Institut Superieur de Gestion de Kinshasa, são necessários os seguintes passos:
Digitalização da biblioteca e automatização do serviço de apoio à biblioteca com chatbots[1]
✓ Ligue os seus dados aos seus processos
✓ Colocar cada curso em linha
✓ Acompanhamento do ciclo de vida dos estudantes, desde a admissão até à conclusão do curso
✓ Digitalizar todos os processos de pagamento
✓ É igualmente de salientar que já não é o preço ou o produto que são considerados os factores mais decisivos nas decisões de compra dos clientes.
E, nesta fase, a tecnologia é capaz de oferecer mudanças relevantes. Porque se tornou um canal direto de comunicação com o público.
Não é por acaso que a transformação digital identifica especificamente a experiência do cliente como um dos seus pilares.
É graças à Internet, por exemplo, que os clientes são influenciados de forma mais eficaz. Desta forma, ajudam a construir a reputação de uma marca.
É de salientar a influência e o alcance da publicidade no Facebook e a facilidade com que as pessoas podem comunicar com a empresa através de ferramentas de chat, o que permitiu a muitas pessoas, por exemplo, inscreverem-se no Institut Superieur de Gestion em Kinshasa.
Hoje em dia, é muito mais fácil para as instituições de ensino superior manterem-se em contacto com os seus alunos, criando formas de interagir com a sua marca e compreender melhor as suas preferências a partir do conforto das suas próprias casas.

[1] Um chatbot é um programa de computador que simula e processa uma conversa humana (escrita ou falada), permitindo que os humanos interajam com terminais digitais como se estivessem a comunicar com uma pessoa real.

Assim, com uma transformação digital, a sua empresa terá ferramentas que podem ajudar, entre outras coisas:

Segmentação: Segmente o seu público utilizando a recolha de dados e abordagens de personalização, possibilitadas por ferramentas de análise. Por exemplo. É mais fácil saber quem é o seu público-alvo e quais são as suas preferências. Isto ajuda-o a chegar até eles e a atrair mais potenciais clientes.

Serviço ao cliente: Atualmente, é muito mais fácil para os estudantes comunicar com a empresa através de um serviço digital do que procurar interagir pessoalmente com os empregados.

Simplificar as vendas: os consumidores procuram uma maior simplicidade no momento da compra, evitando certos custos e trajectos, e aumentando o valor da sua fidelização. No nosso caso, os clientes são os alunos, que através da transformação digital podem obter toda a informação que necessitam da instituição, sem terem de se deslocar a qualquer local. Imagine como a tecnologia digital influencia este processo!

Finalmente, a inovação está a tornar-se a melhor e, em alguns mercados, a única forma de permanecer competitivo, de se destacar da concorrência e de garantir a sobrevivência económica.

Além disso, vivemos numa sociedade de saciedade, onde os consumidores exprimem necessidades cada vez mais específicas e exigentes. O Institut Superieur de Gestion de Kinshasa deve, por conseguinte, ser capaz de renovar constantemente as suas ofertas, a fim de se destacar da multidão com um conteúdo mais rico e um maior valor acrescentado. É por isso que a Gestão da Inovação seria uma alternativa eficaz para a sua emergência.

0.4. Lente

O principal objetivo deste trabalho é permitir ao Institut Superieur de Gestion de Kinshasa responder às necessidades dos seus clientes, face às exigências que nos são impostas pela revolução das novas tecnologias e pela implementação do sistema LMD (Licence-Maitrise-Doctorat).

Para além disso, aumentar as vendas e destacar-se da concorrência através da integração da transformação digital é uma solução inovadora.

0.5. Definição do objeto

Enquanto professor no Instituto Superior de Gestão de Kinshasa, quisemos que este fosse o nosso campo de estudo. Foi este o domínio que escolhemos para realizar a nossa investigação e propor uma nova alavanca para otimizar todos os sistemas de gestão no seu seio, a transformação digital. O nosso estudo abrange o período de 2017 a 2022.

0.6. Escolha e interesse do sujeito

A nossa escolha de tema visa, antes de mais, dar o nosso contributo para a revolução da ciência, para que aqueles que queiram fazer investigação sobre o mesmo tema que o nosso possam também fazer referência a este trabalho.

Em segundo lugar, a vontade de enriquecer o sistema de gestão do Institut Superieur de Gestion de KINSHASA e de o diferenciar dos seus concorrentes.

0.7. Métodos e técnicas utilizados

Sabemos, no entanto, que a investigação só é científica quando são utilizados métodos científicos e técnicos. Para o efeito, utilizámos os seguintes métodos e técnicas:

> **Método estrutura-função**

Este método permitiu-nos descobrir a estrutura funcional da ISG-KINSHASA de uma forma clara e pormenorizada.

> **O método analítico**

Isto permitiu-nos analisar e descrever os factos e os dados relacionados com o objeto do nosso estudo, a fim de emitir um juízo correto sobre os dados analisados.

> **Método comparativo**

Isto permitiu-nos examinar a relação entre convergência e divergência, a fim de avaliar o sistema de gestão.

> **Técnica de entrevista**

É uma técnica que nos permitiu proceder por perguntas e respostas, por entrevista, por outras palavras, com as pessoas de que dispúnhamos.

> **Técnica de análise documental**

Com esta técnica, conseguimos obter certos elementos da nossa investigação através da consulta de certos documentos e da leitura de várias obras.

> **Técnica de observação**

Esta técnica permitiu-nos experimentar o funcionamento dos departamentos, uma vez que trabalhamos neste sistema, ou seja, no Instituto Superior de Gestão de Kinshasa.

0.8. Descrição do trabalho

Para além da introdução e da conclusão geral, o nosso trabalho está dividido em seis capítulos, intitulados da seguinte forma:

✓ Capítulo I. A gestão dos sistemas de informação em geral
✓ Capítulo II. Os fundamentos e a abordagem da inovação
✓ Capítulo III. Apresentação do Instituto Superior de Gestão de Kinshasa
✓ Capítulo IV. As redes informáticas e a Internet
✓ Capítulo V. Modelação do problema da biblioteca digital
✓ Capítulo VI. Transformação digital no ISG- KINSHASA

GESTÃO DE SISTEMAS DE INFORMAÇÃO EM GERAL

[2]A gestão dos sistemas de informação (também conhecida, num sentido mais restrito, como gestão do desempenho) é uma disciplina de gestão que reúne todos os conhecimentos, tecnologias e ferramentas utilizados para gerir dados e, de um modo mais geral, para organizar sistemas de informação.

O sistema de informação deve ser organizado, finalizado, construído, gerido e controlado, o que constitui um meio de otimizar o desempenho da empresa.

É uma ciência que está em constante evolução devido às novas profissões emergentes no domínio dos sistemas de informação.

I.1 Desafios e desenvolvimentos na gestão da informação

I.1.1. Questões de gestão da informação

Para responder o mais eficazmente possível às necessidades da organização, é importante criar um SI (sistema de informação) coerente e ágil, capaz de integrar as novas exigências da empresa. Mas a gestão dos sistemas de informação deve também permitir à empresa tirar partido das novas tecnologias.[3]

A segurança dos sistemas de informação é um grande desafio para a gestão dos SI. Reduzir as vulnerabilidades causadas pelo fator humano e garantir a segurança do próprio SI são factores-chave que o diretor de TI deve ter em conta.

A continuidade em caso de catástrofe adquiriu uma dimensão verdadeiramente importante em resultado das novas normas regulamentares.

O CIO deve garantir que as normas humanas e técnicas são cumpridas em caso de catástrofe, mas também que a gestão da organização pode responder eficaz e rapidamente aos problemas informáticos.

A gestão dos SI levanta também questões de ética e de impacto social. Certas normas protegem os trabalhadores da empresa,

[2] **Azan,W. et Beldi,A.**, 2011, " *De la cybernetique a la theorie de la human agency : vers un management des SI cent sur les utilisateurs*", Management & Avenir, n°39, pp. 192-212

[3] **ALBAN D. e EYNAUD P.**, 2009, *Management operationnel du systeme d'information*, Lavoisier, página 29

nomeadamente no que diz respeito à proteção da vida privada e da propriedade intelectual. O sistema de informação não deve violar estas normas éticas para evitar represálias legais.
Para o efeito, a gestão dos sistemas de informação deve permitir ao CIO pôr em prática uma política organizacional no âmbito do sistema de informação para proteger os dados e os fluxos de informação.
As implicações jurídicas e fiscais da gestão dos sistemas de informação implicam que é importante integrar e dominar os condicionalismos jurídicos e fiscais associados à informatização dos seus sistemas de informação. A gestão dos sistemas de informação permite igualmente responder às solicitações dos representantes das autoridades fiscais e fornecer as informações necessárias, e apenas essas informações.

I.1.2. Evolução da gestão dos sistemas de informação

O conceito de "Gestão dos Sistemas de Informação" surgiu em meados dos anos 60 nos Estados Unidos e alguns anos mais tarde em França. No entanto, este conceito evoluiu consideravelmente ao ponto de, atualmente, dizer respeito não só à gestão das TI mas também aos "Sistemas de Informação de Gestão".
[4]A gestão dos sistemas de informação é influenciada pela investigação sobre as estruturas dos sistemas e a concetualização do apoio à decisão a nível informático. Ao nível da gestão, a gestão dos sistemas de informação é influenciada pelo departamento de gestão da qualidade das empresas.
Por último, os economistas (Robert Solow, Daniel Cohen (economista), etc.) demonstraram que os sistemas de informação só geram ganhos de produtividade se forem acompanhados de mudança. A mudança nas organizações é, portanto, indissociável do software. Esta nova dimensão significa que uma ciência originalmente bastante *dura* teve de recorrer a técnicas de melhoria contínua como o Lean.

[4] **Beaufils,B., Brandouy,O., Ma,L., et Mathieu,P.**, 2009, "*Simuler pour comprendre : un eclairage sur les dynamiques de marches financiers a l'aide des systemes multiagents*", *systemes d'Information et Management*, vol. 14, n°4, pp.51-70

1.1.3. Gestão

[5]A gestão é o conjunto de técnicas que permitem organizar os recursos utilizados para gerir uma organização, incluindo a arte de gerir pessoas, a fim de obter um desempenho satisfatório.

Numa perspetiva de otimização, tende a respeitar os interesses e as representações das partes interessadas da empresa. Para ter em conta o tempo, o risco e a informação na tomada de decisões de gestão, é habitual distinguir entre :

A gestão **estratégica**, que consiste em gerir o mercado através da estratégia (trata-se igualmente de uma visão externa da gestão);

S Gestão **operacional**, que diz respeito à gestão dos processos da própria empresa (uma visão mais interna centrada na organização).

O controlo de gestão tende a funcionar como um elo de ligação entre estes dois tipos de gestão, devido à sua posição na empresa.

Os desafios de gestão são :

- Gerir eficazmente os recursos da organização.

Para tal, é necessário recorrer a instrumentos que se baseiam nomeadamente na economia, mas também na sociologia e na psicologia. A gestão deve, portanto, conseguir ter em conta as representações e os interesses dos diferentes actores da organização, sem deixar de se concentrar na otimização organizacional.

- Treinar os empregados

Nos últimos anos, o coaching empresarial tornou-se muito popular. Mas longe de ser apenas uma moda, o coaching pode ser uma excelente alavanca para uma gestão mais humana e mais eficaz. Os conselhos que apresentamos a seguir permitirão aos gestores proporcionar aos seus colaboradores um excelente coaching.

1. Equilibrar os seus 3 papéis: gestor, treinador, líder

Dar formação aos seus empregados não significa tornar-se exclusivamente seu treinador. Muito pelo contrário. De facto,

[5] **MANSHIMBA Joel,** 2021, *Teoria das Organizações e Gestão*, L1 Gestão, ISG- Kinshasa, Inedit, página 56

para treinar bem a sua equipa enquanto gestor, **é importante saber equilibrar os 3 papéis que lhe cabem**: gestor, treinador e líder. Da mesma forma, é necessário encontrar a postura correta para cada situação: o timing é crucial para o sucesso da empresa.

Por exemplo, normalmente, se surgir uma crise, não é altura de ser um treinador, mas sim um líder. Terá de pôr a bola a rolar rapidamente, fornecendo soluções imediatas e práticas. Uma vez terminada a crise, pode voltar a ser um coach, ajudando os seus colegas a analisar eventuais falhas na gestão da crise. Depois, finalmente, pode voltar a ser um gestor, transmitindo instruções para melhorar os processos com base, nomeadamente, nos resultados das suas sessões de coaching individuais ou em grupo.

2. Mostrar empatia

O princípio do coaching não é fornecer soluções prontas para problemas específicos. Muito pelo contrário. O princípio do coaching é **dar ao trabalhador ou à equipa os meios para encontrarem eles próprios as respostas às suas perguntas e as soluções para os seus problemas**.

A empatia é, portanto, um critério essencial para "empurrar" com sucesso os seus colegas. Quando se desempenha o papel de coach, é imperativo que se "purifique" de qualquer julgamento sobre o empregado e tente ajudá-lo, fazendo perguntas apropriadas, a compreender as razões das suas falhas ou ansiedades.

Mas atenção: **não é um psicólogo do trabalho ou um amigo**. Tem de ser capaz de dar apoio, mantendo-se no seu lugar (para saber mais sobre liderança compassiva, não hesite em ler a nossa ficha prática sobre empatia na gestão).

3. Dar feedback

O feedback é essencial6 se quiser treinar o seu pessoal de forma eficaz. O feedback pode ser positivo ou negativo. A chave é encontrar a forma correta para evitar colocar o trabalhador numa situação de "excesso de confiança" ou de "falta de confiança". Também neste caso, **a empatia é uma excelente forma de encontrar o equilíbrio correto**.

Com base neste feedback, pode :

- ✓ Valorizar os comportamentos e as evoluções positivas;
- ✓ Apontar as falhas persistentes

4. Dar o exemplo

É claro que, para treinar bem a sua equipa, é preciso ser exemplar. É por isso que a gestão é uma tarefa difícil. Se for incapaz de questionar os seus processos e/ou o seu comportamento, não terá qualquer credibilidade junto dos seus colegas.

Le Roux,B., 2009, *La Transformation strategique du systeme d'information,* Lavoisier.

5. Ser adaptável

Por último, **é necessário ser flexível e adaptável para orientar eficazmente o seu pessoal**. Porque o princípio é que as boas ideias e os bons comportamentos podem vir de baixo. Além disso, é vital **aceitar pontos de vista diferentes e escolhas individuais**. É com base nestes pontos que conseguimos criar uma dinâmica de grupo eficaz, na qual todos sentem que têm um lugar.

Em suma, se há um princípio básico a reter, é o seguinte: não se faz crescer uma planta puxando-lhe as folhas, mas alimentando-a através das raízes. O mesmo se aplica a uma equipa.

1.1.3.1. Gestão do conhecimento

A gestão do conhecimento é, na verdade, uma forma de **melhorar, utilizar, manter e até desenvolver o conhecimento da sua equipa**. Não apenas as competências e os conhecimentos adquiridos no local de trabalho ao longo dos anos, mas também todo o espaço de armazenamento do cérebro que os seus colegas utilizam para ler, viajar, descobrir, pensar, saborear - em suma, viver. Sim, existe vida fora do seu SME. Devia experimentá-la.

Mas a gestão do conhecimento significa também (e sobretudo, é verdade) reconhecer a capacidade dos seus empregados de desenvolverem conhecimentos e novas competências no local de trabalho, por mais inesperados que sejam. O seu empregado não é uma criatura imutável, que sairá da sua empresa com o mesmo nível de know-how e de savoir-etre que tinha quando entrou.

É provável que a sua PME venha a **enriquecer a vida**

profissional, intelectual, social e até emocional da sua equipa. Cabe-lhe a si garantir que estas mudanças também beneficiam a sua empresa.

1.1.3.2. Gestão do conhecimento e inovação: as PME na linha da frente

Se existe um terreno fértil para o desenvolvimento de competências e para a sua valorização, esse terreno é o sector das PME e das PME, ou seja, as empresas onde o trabalhador deve frequentemente dar provas de polivalência, de autonomia e de espírito de iniciativa, mas onde, no entanto, trabalha muitas vezes próximo do seu patrão, numa posição que favorece as trocas. Podemos também supor que, como os trabalhadores das PME estão muito mais envolvidos no desenvolvimento da organização que os emprega, **a sua capacidade de desenvolver novas competências será maior do que a dos trabalhadores das grandes empresas**.

Para uma PME que pretenda inovar mais rapidamente e melhor do que os seus concorrentes, este é um facto essencial. Solicitar os cérebros dos seus empregados (se possível sem manipulações cirúrgicas arriscadas) oferece-lhe uma oportunidade única de avançar. Mas tem de se dotar dos meios para o fazer!

1.1.3.3. As chaves do sucesso

Cabe-lhe a si, enquanto proprietário da sua PME, criar as condições para uma gestão eficaz do conhecimento, de modo a poder realizar economias ou lucros graças a uma organização melhor estruturada, ou oferecer produtos ou serviços que constituam uma verdadeira mais-valia e uma inovação significativa para os seus clientes. Lembre-se de que mesmo uma mudança aparentemente pequena ou insignificante pode transformar a sua empresa numa estrutura vencedora, constantemente empenhada em melhorar.

Como é que se faz isso?

- Em primeiro lugar, **tenha uma visão objetiva das competências dos seus gestores e colaboradores**. Faça uma lista delas, analise-as e descubra como pode desenvolver estes conhecimentos diversos (cursos, formação, fins-de-semana *de empresa*, etc.), etc.).

- **Analise também os seus conhecimentos e competências** e certifique-se de que os transmite sempre que possível, através de reuniões, entrevistas ou simplesmente estando presente em todas as fases da vida do seu VSE/SME.
- **Dê à sua equipa o desejo de ir mais além**: é necessário vender a sua empresa também aos seus empregados e dar-lhes o desejo de se envolverem em todos os momentos. Respeite a sua audácia e ouça as suas opiniões. Dê-lhes a palavra e a iniciativa e deposite a sua confiança neles. Fale com eles. Em suma, não seja como a estátua do Comandante, ameaçador e frio. Seja simpático!
- Se alguém lhe sugerir um novo sistema de distribuição de correio, um modelo diferente de gestão de encomendas ou a modernização de uma das suas embalagens, pense um pouco e pondere as vantagens e desvantagens, mas não diga sempre que não. As palavras "sim", "porque não" e "vamos a isso" terão de passar a fazer parte do seu vocabulário.

Por último, dê a si próprio oportunidades regulares de **fazer um balanço, com os seus empregados, das inovações introduzidas**, mas também da situação de cada um. Porque um empregado frustrado, pouco estimulado e estagnado não lhe servirá de nada em breve.

1.1.3.4. Gestão ágil

Num mundo económico cada vez mais competitivo, tanto a nível local como global, a agilidade empresarial é, sem dúvida, uma das chaves da competitividade. Em oposição diametral ao taylorismo tradicional tão enraizado na cultura empresarial francesa, a gestão ágil baseia-se no reconhecimento e no envolvimento de cada indivíduo na implementação de projectos, bem como em métodos simples e eficazes para otimizar a produtividade... sem pressão excessiva. Eis como funciona.

Mais uma vez. Para apresentar e definir a gestão ágil, vamos pedir emprestado um método caro aos professores americanos: a metáfora. **A gestão ágil tem a ver com pedras e seixos**.

Imaginemos que precisamos de mover uma pedra enorme. Com a gestão tradicional, teríamos alguém no comando, o gestor, que diria às suas equipas: "Há força nos números, empurrem o máximo que puderem e acabarão por mover a pedra até ao seu destino. Entretanto, como vão estar atrás da pedra, não vão ver os obstáculos no caminho. Por isso, eu preparo o caminho para facilitar o trabalho e certifico-me de que todos trabalham como devem..." Em resumo: **muita energia gasta para pouco resultado**, **um prazo de realização desconhecido** e **muitos obstáculos a ultrapassar**.

Numa abordagem de gestão ágil, são todos os trabalhadores que decidem, à volta de uma mesa e com o gestor, como serão constituídas as equipas que se encarregarão da mudança. Uns abrem o caminho, outros partem a pedra em centenas de pedaços que serão mais fáceis de transportar por outra equipa. **Os recursos são utilizados de forma mais eficiente**, **o resultado é alcançado mais rapidamente** e **todos são envolvidos, valorizados e motivados**.

De facto, **a gestão ágil baseia-se numa organização *de baixo para cima*, por** oposição à gestão clássica de *cima para baixo* do taylorismo tradicional. **Trata-se de uma inovação de baixo para cima numa lógica lean**: é o envolvimento de todos e o esforço concertado de todos que permite, por um lado, encontrar soluções que o gestor não teria pensado sozinho e, por outro, motivar as tropas.

Além disso, a gestão ágil implica **saber dividir um projeto em centenas de pequenas tarefas**. Isto permite :

É preferível atingir rapidamente um grande número de pequenos objectivos, com tarefas que todos conseguem realizar, do que demorar a atingir um único objetivo com uma tarefa colossal (a imagem de uma rocha);

Obter uma imagem mais clara da evolução do projeto;

Entrega de secções do projeto aos clientes numa base regular, em vez de todo o projeto. Os clientes ficam mais tranquilos porque podem ver como o projeto está a progredir. Além disso, esta forma de trabalhar torna a empresa mais eficiente, mais ágil e, *em última análise,* mais rentável, uma vez que as alterações efectuadas podem ser implementadas muito facilmente e a um custo inferior.

Além disso, para favorecer a gestão ágil, é necessário aplicar alguns métodos simples que optimizam muito o trabalho das equipas. Um exemplo é a **gestão visual**, que consiste em colocar à disposição do cliente quadros de síntese do projeto, para que :

Num relance, pode ver o que já foi feito, o que precisa de ser feito e o que está no calendário;

Valorização da participação de todos: cada tarefa é associada (por exemplo, através de uma cor) à pessoa que a executou.

- Ao mesmo tempo, facilita a realização de scrums diários.

Esta ilustração encontra-se no último capítulo da nossa Memória.

[6]**A agilidade é conseguida através de scrums diários**, em que cada membro da equipa faz um balanço do que fez no dia anterior, do que precisa de fazer no dia e das dificuldades que está a encontrar. Como estes scrums têm lugar todos os dias, a equipa torna-se ágil: **os problemas são identificados antes de se tornarem verdadeiros obstáculos**. Juntos, encontramos soluções e melhoramos os processos no dia a dia.

A gestão ágil baseia-se, portanto, fundamentalmente no **intercâmbio**, na **transparência** e na **partilha de conhecimentos**, **de know-how...** mas também de problemas e obstáculos encontrados. Neste sentido, a criação de redes sociais de empresas pode ser muito interessante.

1.1.4. O consultor de gestão

Profissão jovem e pouco conhecida entre os gestores das PMEs e das PMEs, a consultoria de gestão está, no entanto, a transformar o mundo dos negócios. E é precisamente isso que está em causa nesta profissão: gerir a mudança, impulsionar a melhoria dos processos e orientar o desenvolvimento da gestão. Um olhar mais atento sobre a profissão de consultor de gestão.

1.1.4.1. Ajudar as empresas a melhorar o seu desempenho

Uma empresa recorre a um consultor quando se apercebe de deficiências na sua atividade. **Uma diminuição da produtividade**, **da competitividade**, **do empenhamento dos trabalhadores**, **uma falta de adaptação às mudanças do mercado ou da atividade**, etc. Todas estas razões podem levar um gestor a **recorrer a um consultor de empresas**.

[6] **O Scrum** é uma estrutura que ajuda as equipas a trabalhar em conjunto. Encoraja as equipas a aprenderem com a experiência, a auto-organizarem-se enquanto tentam resolver um problema, mas também a reflectirem sobre as suas vitórias e derrotas para melhorarem continuamente.

De facto, o seu papel será o de analisar o funcionamento da empresa, a sua posição no mercado (em relação aos seus objectivos e concorrentes) e propor um plano de melhoria que permita à empresa desenvolver métodos para um sucesso sustentável.

1.1.4.2. Consultoria de gestão: o método

Os consultores de empresas são frequentemente licenciados em engenharia ou em gestão. Mas isso não é tudo. Têm um vasto leque de competências e devem dominar várias matérias: sociologia organizacional, métodos de análise sistémica e funcional, etc. Mas, acima de tudo, devem saber ouvir e determinar as necessidades reais da empresa. São estas competências que lhes permitem **analisar em pormenor e propor soluções adequadas**.

Porque o que um consultor de gestão não deve fazer é apresentar soluções pré-fabricadas que não correspondem realmente às necessidades ou à cultura da empresa. Na maioria dos casos, **um trabalho de consultoria começa com observação e entrevistas**. É através destas que o consultor poderá isolar não só as necessidades reais (que podem ser diferentes das necessidades expressas), mas também as áreas a melhorar.

Uma vez efectuada esta análise, o consultor de gestão proporá um plano e recomendações a implementar para atingir os objectivos fixados. Por fim, é claro, o consultor acompanhará a mudança na empresa. Este trabalho pode durar 3 meses, 6 meses ou mesmo mais de um ano! Que aspectos da empresa estão envolvidos?

Embora possa acontecer que um departamento ou um aspeto do funcionamento de uma empresa seja particularmente deficiente, na maior parte das vezes, quando um consultor de empresas está envolvido, está a trabalhar num grande número de processos relacionados. O sistema de informação, o departamento de vendas, a organização dos postos de trabalho, a relação entre os trabalhadores e o seu chefe, a política de preços, a adequação produto/mercado, etc., **todos estes elementos podem ser afectados pela intervenção do consultor de gestão**. É também por esta razão que um

trabalho de consultoria pode, por vezes, demorar meses: não é possível alterar todos estes processos numa semana.
Os trabalhadores têm de ser apoiados e a mudança tem de ser efectuada de forma suave e lógica, para garantir que a implementação é eficaz e sustentável. Um consultor de gestão não é um médico que coloca um penso rápido numa ferida: é um verdadeiro arquiteto da mudança que irá rever fundamentalmente a forma como a empresa funciona. A ideia pode, por vezes, ser assustadora, mas a chave é sempre o sucesso a longo prazo.

1.1.4.3. Lean management ou como aumentar a rentabilidade

Frequentemente descrita como uma moda de gestão, por um lado, ou como uma forma de sacrificar os trabalhadores no altar da rentabilidade, por outro, a gestão lean tem sido objeto de muita controvérsia nos últimos anos. No entanto, quando se analisa de perto os seus princípios, torna-se claro que a gestão optimizada foi maciçamente ultrapassada por uma cultura empresarial ocidental que está muito longe da filosofia desta abordagem, que teve origem no Japão. Porque foi a gestão lean que permitiu à Toyota tornar-se o líder mundial do seu sector. Então, por que não o faria?

1.1.4.3.1. O que é o Lean Management?

Lean" é a palavra inglesa **que significa "emagrecer"**. De facto, o princípio fundamental da gestão Lean consiste em "emagrecer" a empresa e os seus processos, eliminando tudo o que é supérfluo: **eliminar os desperdícios**, **reduzir os prazos de fabrico e de entrega**, **reduzir todos os processos**, **otimizar os postos de trabalho**, etc. A gestão Lean é, portanto, o oposto de uma abordagem que visa a deslocalização para países de baixo custo. O Lean é, portanto, o oposto de uma abordagem que visa a deslocalização para países de baixo custo. O objetivo do Lean é **tornar uma empresa competitiva**, conservando os seus trabalhadores e valorizando-os ao máximo!
A gestão Lean tem também como objetivo integrar cada trabalhador numa **estratégia global de inovação participativa**. Assim, cada colaborador é convidado a refletir

sobre as tarefas e os processos em que está envolvido e a sugerir melhorias. Numa abordagem de gestão lean, todos os trabalhadores estão envolvidos no sucesso da empresa e na sua capacidade de progredir. É o "kaizen": **o princípio da melhoria contínua e infinita**. Adotar o método lean significa aceitar que nenhuma empresa, nenhum processo, nenhum produto é perfeito e que, por isso, devem ser constantemente melhorados.

E tudo com um único objetivo: a satisfação do cliente e a criação de valor para o cliente. Porque este aspeto é também fundamental para o lean: uma empresa deve atuar para satisfazer os seus clientes. Assim, se, por um lado, optimiza os seus custos "emagrecendo" e, por outro, satisfaz os seus clientes, então, seja qual for o contexto socioeconómico e fiscal em que opera, será competitiva e rentável.

De acordo com um estudo recente, as empresas que adoptam a gestão lean são**, em média, 40% mais eficientes e rentáveis do que os seus concorrentes**. É um bom motivo para refletir...

1.1.4.4. Lean Management: o que é que não é?

Mas a gestão lean não é, ao contrário do que alguns autoproclamados especialistas lean fazem crer, um método para enfrentar a crise a curto prazo. O Lean **é um projeto a médio prazo para melhorar a competitividade e a rentabilidade de uma empresa**. Não é um método milagroso para ganhar muito dinheiro de imediato.

Por exemplo, lean significa repensar a organização de uma empresa. Porque, uma vez optimizados os processos, há sempre trabalhadores que ficam desempregados. No entanto, um projeto lean deve prever a sua permanência na empresa o mais tempo possível, noutras funções. Da mesma forma, um projeto Lean deve ter em conta o apoio a médio prazo a todos os trabalhadores: desde a direção até aos mais mal pagos. Porque não esqueçamos: todos os trabalhadores devem poder participar na otimização dos custos, a todos os níveis.

Assim, podemos ver o que a gestão lean pode fazer por uma empresa, mas também podemos ver a enorme tarefa que é integrá-la numa empresa. Por isso, se quiser passar para o lean, pense nisso, mas aceite que levará anos a dar frutos.

1.1.5. Gestão participativa

A gestão participativa adopta cinco princípios fundamentais:

Mobilização do pessoal ;

Uma política ativa de desenvolvimento do pessoal;

A delegação de poderes ;

Qualquer problema deve ser resolvido no próprio nível em que surge;

Devem ser criados mecanismos de regulação (direito ao erro, autocontrolo, etc.).

Este tipo de gestão tem várias vantagens, tanto para os trabalhadores como para a própria empresa, porque a gestão participativa satisfaz as novas necessidades fundamentais dos trabalhadores (necessidade de segurança, estabelecimento de laços sociais, autoestima e realização pessoal).

Tem também como objetivo garantir a igualdade de oportunidades e o respeito por todos. No que diz respeito à empresa, a introdução da gestão participativa altera as relações e o quotidiano entre os vários intervenientes (patrão, gestor, trabalhadores), na medida em que todos encontram um lugar num mundo cooperativo, o que implica um aumento da produtividade, uma vez que aumenta a eficiência das equipas.

Os trabalhadores estão mais motivados e, por conseguinte, mais dispostos. Mas a gestão participativa tem os seus limites:

- ✓ Problemas de tempo e de custos;
- ✓ Resistência do pessoal ;
- ✓ Desafiar as estruturas formais das empresas ;
- ✓ Incapacidade de adaptação a situações de crise

1.1.5. Gestão provisória

Muito utilizada em França nos últimos vinte anos, a gestão provisória teve origem nos países anglo-saxónicos na década de 1970. Como se pode facilmente deduzir do seu nome, este tipo de gestão é de duração limitada, ou seja, temporária.

Trata-se de confiar a gestão de um serviço ou de toda a empresa a um prestador de serviços externo, um especialista em gestão, para uma missão específica. De um modo geral, os diretores recorrem a um gestor provisório para os ajudar a sair de uma situação de crise. O gestor interino apoia uma fase de mudança na empresa e facilita a sua implementação.

A este respeito, é importante sublinhar que, para além das suas funções "clássicas", o campo de intervenção do gestor interino foi-se alargando ao longo do tempo, abrangendo uma grande variedade de situações:
- Apoiar o encerramento de zonas industriais;
- Substituir temporariamente um executivo cuja ausência seja prolongada;
- Colmatar uma lacuna de gestão na empresa;
- Realização de um projeto de importância estratégica (comercial, financeira, económica, etc.).
- Gerir um forte crescimento.
- Tornar as instalações de produção da empresa mais rentáveis.

Na prática, o gestor provisório é autorizado a exercer as suas funções por força de um mandato válido dos administradores ou dos acionistas da sociedade.

Trata-se de um profissional que já ocupou o cargo de diretor no passado e que possui conhecimentos reconhecidos no seu domínio. A sua experiência e as suas competências de gestão são necessárias para ajudar a empresa a ultrapassar uma situação difícil ou a dirigir um projeto importante.

Ao poupar à empresa a necessidade de investir em recrutamentos potencialmente infelizes ou de recorrer aos seus recursos humanos até à exaustão, a gestão interina é a solução ideal para fazer face a situações que são, elas próprias, transitórias.

Hoje em dia, o recurso a um gestor interino já não é exclusivo das empresas do sector privado, independentemente da sua dimensão. É cada vez mais alargado aos organismos semi-públicos, às colectividades locais e às associações. No entanto, determinar a missão de um gestor interino continua a ser uma etapa essencial para a empresa que recorre aos serviços deste perito confirmado.

Isto significa que as fases da missão devem ser definidas com exatidão:

Escolha do gestor interino: esta é a fase mais delicada e difícil, uma vez que se trata de escolher um gestor interino cujo perfil melhor corresponda ao tipo de situação a gerir, por um

lado, e às expectativas e objectivos da empresa, por outro.
As competências técnicas e a experiência prática do gestor interino num cargo de direção semelhante ao que ocupará durante a missão são critérios decisivos para a empresa, que deve também preparar cuidadosamente a missão:
-/ **Determinar os objectivos e os resultados a alcançar**
É essencial que os objectivos a atingir e os resultados a alcançar sejam fixados antes do início da missão. Isto permitirá ao futuro gestor interino ter uma ideia mais precisa da tarefa que lhe é confiada e do que se espera dele. Se se vai demitir porque o perfil do gestor que escolheu não é o mais adequado para o cargo, é melhor fazê-lo antes de começar.
Avaliar a evolução da missão: cabe ao gestor provisório assegurar o bom desenrolar do projeto que lhe foi confiado. Para o efeito, deve estar sempre presente, tanto mais que o desenrolar da missão é escrupulosamente acompanhado pelos gestores, que avaliam os resultados em cada etapa. O gestor interino deve, por conseguinte, saber conduzir o seu projeto e medir a sua evolução no dia a dia.
Assegurar a passagem de testemunho: com uma duração média de 6 a 15 meses, a missão do gestor interino é, por natureza, pontual. Por conseguinte, deve assegurar a continuidade desde a sua chegada, para que os seus sucessores ou, se for caso disso, a direção da empresa, possam assumir o cargo sem dificuldades.
Com origem na Áustria em meados dos anos 70, a gestão de ideias baseia-se num sistema de recolha e aplicação de ideias de todos os membros do pessoal de uma empresa.
Mais conhecida atualmente como SMI (Système de Management des Idees), esta técnica de gestão é composta por quatro etapas essenciais:
Recolha de ideias: recolher sugestões para melhorar a forma como a empresa funciona é uma prática comum entre os líderes empresariais que procuram avançar e superar a concorrência.
Com este objetivo em mente, a maioria das empresas disponibiliza aos seus empregados uma caixa de sugestões. Com a difusão da Internet, multiplicaram-se os sítios Web e os

blogues das empresas onde os utilizadores, quer sejam funcionários ou clientes da empresa, podem deixar comentários, dar a sua opinião sobre um determinado produto ou fazer uma sugestão para aumentar a satisfação do cliente.
Regra geral, deixamos aos participantes a liberdade de escolher o tema sobre o qual vão dar a sua opinião, mas também é possível orientá-los, fazendo-lhes uma pergunta específica sobre um determinado produto, por exemplo. Isto é particularmente útil quando a empresa quer medir a pertinência de uma abordagem que adoptou recentemente, ou saber o que pensam os consumidores para poder melhorar a sua produção e responder melhor às suas expectativas.
Apesar da sua aparente semelhança com a gestão participativa, a gestão de ideias é, na realidade, muito mais um instrumento de gestão do que uma forma distinta de gestão. Longe da tomada de decisões, assenta antes num sistema de recolha de sugestões destinadas a melhorar o desempenho da empresa.
Avaliação das ideias: uma vez recolhidas as ideias, procede-se à sua avaliação. Esta operação serve para determinar a pertinência de cada ideia e o valor acrescentado que ela pode conter. No seio da equipa, a avaliação é feita diretamente pelo membro do pessoal que tem uma posição superior à do autor. O tempo de resposta deve ser bastante rápido, variando entre alguns dias e um mês, no máximo. Se a sugestão for aceite, pode ser transmitida ao resto da equipa, ou mesmo a todo o pessoal da empresa. Na prática, cabe ao chefe de equipa fazer a avaliação técnica e financeira da ideia assim retida mas, se necessário, pode recorrer aos serviços de uma equipa de especialistas para fazer essa avaliação.
Implementação das ideias: a fase de implementação está dividida em duas etapas: em primeiro lugar, existe a fase preliminar, durante a qual a validade da sugestão é testada. Segue-se a fase de avaliação, durante a qual os resultados da fase de teste são utilizados para determinar se a ideia pode ser aplicada de forma mais alargada e se pode tornar-se a "melhor prática".
Quando se trata de concretizar a ideia, é essencial envolver o autor no processo de implementação. Reconhecer os autores

das ideias, ou reconhecer a "inovação participativa", é um elemento-chave do Sistema de Gestão de Ideias (SGI), que também se baseia na :

Conduzir o SMI: A gestão de ideias é um processo que implica a aplicação de orientações e medidas de desempenho cuidadosamente preparadas. A este respeito, são particularmente dignas de menção as seguintes acções

- Cálculo do número de ideias por empregado. - A taxa de aplicação dessas ideias. - O tempo médio necessário para estudar as sugestões recolhidas.
- Os custos de implementação destas sugestões. - Os potenciais ganhos financeiros.

De facto, a gestão tende a avaliar a capacidade de inovação e o nível de criatividade dos trabalhadores, bem como a capacidade dos gestores para estimular os seus colaboradores e pôr em prática as suas ideias. Quanto ao SMI, este visa atingir vários objectivos, tanto económicos (aumentar o desempenho da empresa, incentivar a inovação) como sociais (valorizar os trabalhadores, reconhecer as suas competências e o seu saber-fazer).

I.1.7 Gestão multicultural

O ponto de partida para o gestor multicultural na gestão de uma equipa de diferentes nacionalidades é, evidentemente, comparar culturas.

Embora esta abordagem possa parecer demasiado abstrata ou estereotipada, o gestor multicultural não deve ignorar esta etapa essencial, que lhe permitirá estabelecer uma base sólida para as suas relações com os diferentes membros da sua equipa.

Para tal, devem começar por considerar a sua própria cultura e analisar a forma como esta afecta a sua perceção dos seguintes elementos:

O tempo: a relação com o tempo, também conhecida como "relação com a incerteza", é muito importante para compreender o funcionamento das pessoas. Em algumas culturas, a tendência é controlar o mais possível a passagem do tempo, enquanto noutras, só o presente conta e é importante aproveitá-lo ao máximo.

Hierarquia: também aqui existem muitas diferenças. Algumas culturas estão muito centradas na disciplina, enquanto noutras civilizações a tolerância das relações hierárquicas é bastante limitada.

Individualismo: tende a medir o grau de autonomia de cada trabalhador, em função da sua formação cultural, em relação aos valores sociais ou à noção de grupo.

Há outros pontos a considerar, sem dúvida, se quiser ter uma ideia completa da perceção que a sua equipa tem destes conceitos essenciais;

Discriminação: é importante poder determinar, antecipadamente, quais os papéis aceites como reservados aos homens e quais os reservados às mulheres, com base no impacto cultural de cada nacionalidade. Este conhecimento permitirá ao gestor evitar fazer escolhas pouco acertadas que só servirão para frustrar os seus empregados, criando tensões desnecessárias no seio do grupo.

Formalismo: muitas culturas assentam num formalismo rigoroso que faz da palavra escrita o fundamento de todos os actos, enquanto outras são mais informais, privilegiando a tradição oral transmitida pelos seus antepassados. Daí a importância da palavra falada ou da promessa verbal para algumas civilizações.

Religião: esta informação tem muito peso em certos sectores de atividade. De um modo geral, dá uma indicação - ou melhor, uma presunção - do que o trabalhador está disposto a aceitar e até onde está disposto a ir.

O gestor multicultural deve então aplicar este método às diferentes nacionalidades que gere. Esta informação servirá de base sólida para organizar e gerir a sua equipa.

O objetivo da gestão é organizar a gestão de todo o pessoal de uma empresa e desenvolver técnicas para o conseguir. Para isso, deve assegurar o respeito dos interesses de todos e representar todos os trabalhadores, sem exceção. Por outras palavras: gerir, organizar, controlar e dirigir.

I.2 Gestão do sistema de informação

[7]A gestão dos sistemas de informação ou gestão dos sistemas

[7] **BAYA Christian,** 2021, *Notes de Cours de Nouvelles Technologie de l'Information et de*

de informação (também conhecida, num sentido mais restrito, como gestão das TI e, por vezes, gestão do desempenho) é uma ciência ou disciplina da gestão que abrange todos os conhecimentos, técnicas e instrumentos utilizados para gerir os dados e a sua segurança e, de um modo mais geral, para organizar e proteger os sistemas de informação.

O sistema de informação deve ser organizado, finalizado, construído, gerido e controlado, o que constitui um meio de otimizar o desempenho da empresa.

É uma ciência que está em constante evolução devido às novas profissões emergentes no domínio dos sistemas de informação.

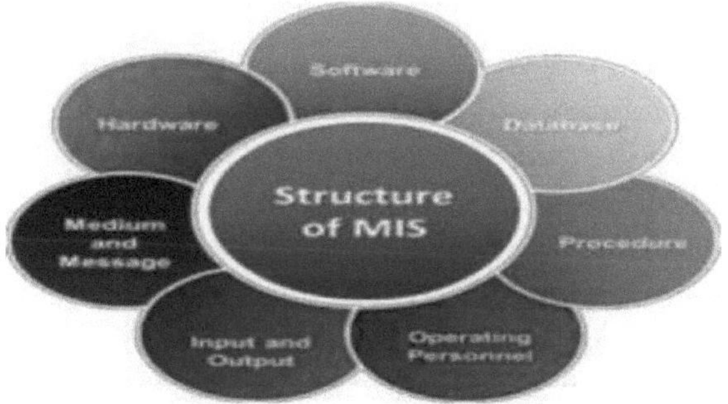

Ilustração visual de vários aspectos da gestão de sistemas de informação

I.2.1. Desafios e desenvolvimentos na gestão da informação

I.2.1.1. Questões de gestão da informação

[8]Para responder o mais eficazmente possível às necessidades da organização, é importante criar um sistema de informação (SI) coerente e ágil para integrar as novas exigências da empresa. Mas a gestão dos sistemas de informação deve também ser capaz de tirar partido das novas tecnologias.

A segurança dos sistemas de informação é um grande desafio para a gestão dos SI. Reduzir as vulnerabilidades causadas pelo fator humano e garantir a segurança do próprio SI são factores-chave que o Diretor de Sistemas de Informação (DSI) deve ter em conta. A continuidade em caso de catástrofe assumiu uma dimensão verdadeiramente importante, em

la Communication NTIC, L1 Marketing et Management, ISG-KIN, Inedit.

[8] **Bezes C.**, 2012, "*La congruence pergue des magasins et du site Internet: effets sur le choix du canal d'achat - le cas de la Fnac*", Vie & sciences d'entreprise, n°190, pp.46-70

resultado das novas normas regulamentares.
O CIO deve garantir que as normas humanas e técnicas são cumpridas em caso de catástrofe, mas também que a organização é capaz de responder eficaz e rapidamente aos problemas de TI.
A gestão dos SI levanta também questões de ética e de impacto social. Com efeito, certas normas protegem os trabalhadores da empresa, nomeadamente no que diz respeito à proteção da vida privada e da propriedade intelectual. O sistema de informação não deve violar estas normas éticas para evitar represálias legais. Para tal, a gestão dos sistemas de informação deve permitir ao CIO implementar uma política organizacional no âmbito do sistema de informação para proteger os dados e os fluxos de informação.
As implicações jurídicas e fiscais da gestão dos sistemas de informação implicam que é importante integrar e dominar os condicionalismos jurídicos e fiscais associados à informatização dos seus sistemas de informação. A gestão dos sistemas de informação permite igualmente responder às solicitações dos representantes das autoridades fiscais e fornecer as informações necessárias, e apenas essas informações.

1.2.1.2. Evolução da gestão dos sistemas de informação

[9]O conceito de "Gestão dos Sistemas de Informação" surgiu em meados dos anos 60 nos Estados Unidos e alguns anos mais tarde em França. No entanto, este conceito evoluiu consideravelmente ao ponto de, atualmente, dizer respeito não só à gestão das TI mas também aos "Sistemas de Informação de Gestão".
A gestão dos sistemas de informação é influenciada pela investigação sobre as estruturas dos sistemas e a concetualização do apoio à decisão ao nível das TI.
A nível da direção, é influenciada pelo departamento de gestão da qualidade da empresa.
Por último, os economistas (Robert Solow, Daniel Cohen, etc.) demonstraram que os sistemas de informação só geram ganhos de produtividade se forem acompanhados de mudanças

[9] **Caseau,Y.**, 2008, Urbanisation, SOA et BPM - *Le point de vue d'un DSI,* Dunod.

organizacionais. A mudança organizacional é, pois, indissociável do software. Esta nova dimensão significa que uma ciência originalmente bastante *dura* teve de recorrer a técnicas de melhoria contínua como o Lean.

I.2.2. O lugar dos sistemas de informação na gestão das organizações

A informação é um princípio fundamental da estratégia. Consequentemente, o SI é também um instrumento essencial da estratégia empresarial. Por um lado, permite que os trabalhadores da organização apliquem as decisões tomadas pela direção. Por outro lado, os sistemas de informação permitem definir a política própria de uma empresa (por exemplo, o comércio eletrónico).

Assim, surgiram certos sistemas de natureza diferente que permitem à organização obter uma vantagem competitiva. Este fenómeno é ilustrado por uma estratégia de domínio dos custos, de diferenciação ou de nicho. No caso da estratégia de dominação dos custos, a urbanização do sistema de informação é um instrumento de reengenharia que pode contribuir para uma maior eficácia das tecnologias de informação "lean". Além disso, os sistemas de informação podem ser úteis aos decisores no processo de conceção e de escolha da estratégia a aplicar, graças à recolha e ao tratamento de informações de carácter decisório. Tradicionalmente, porém, o sistema de informação está estrategicamente alinhado com a estratégia global da empresa.

I.2.2.1. Componentes do sistema de informação[10]

O próprio SI é constituído por hardware e software com consequências para a gestão das organizações. De facto, a infraestrutura tecnológica do sistema de informação é um conjunto de dispositivos que podem provocar mudanças organizacionais numa empresa. Estas ferramentas estão ligadas por redes informáticas que permitem uma circulação rápida da informação no interior da empresa. Além disso, os armazéns de dados são utilizados para recolher e estruturar diferentes tipos de informação com o objetivo de gerir a

[10] **Deltour,F.**, 2012, *"TIC et innovation organisationnelle", Systeme d'Information et Management*, vol. 17, n°2

empresa.

O software de gestão integrada facilita o funcionamento dos processos organizacionais e simplifica a gestão das infra-estruturas. Enquanto algumas aplicações são concebidas para uso interno (gestão da cadeia de abastecimento), outras são mais orientadas para uso externo (gestão das relações com os clientes).

1.1.1.2. Sistemas de informação e apoio à decisão

O principal objetivo da informática de apoio à decisão é ajudar os gestores. Esta tem sido uma questão fundamental desde os primórdios dos sistemas de informação3 , o que pode ser explicado pela importância da informação na tomada de decisões. [11]Os SIAD (sistemas de informação de apoio à decisão) ajudam a preparar e a tomar decisões, fornecendo acesso a dados e testando a sua validade. Os gestores terão de tomar decisões estratégicas graças à Business Intelligence e à gestão dos sistemas de informação.

1.2.3. Abordagem de gestão dos sistemas de informação

1.2.3.1. Gestão da mudança

A gestão dos sistemas de informação é essencial para enfrentar eficazmente a mudança constante. De facto, numa organização, é mais difícil mudar os hábitos de trabalho (rotinas, estrutura organizacional, acesso à informação, etc.) do que mudar os instrumentos técnicos. Este obstáculo é a razão de muitos fracassos no domínio dos sistemas de informação, uma vez que qualquer mudança pode provocar distorções por parte dos utilizadores.

Cigref (2003) afirma que "a preocupação dominante, nas empresas confrontadas com grandes desafios de informatização, continua a ser o desenvolvimento da solução técnica, ou seja, o próprio sistema informático". [12]Por conseguinte, é evidente que a concentração apenas nos aspectos técnicos de um projeto SI pode apaziguar os gestores, dando-lhes a ilusão de controlo sobre os resultados, graças à sua aparência tangível e moderna. Isto reduz a importância da

[11] **Fernandez TORO,A.**, 2009, *Management de la securite de l'information,* Edition d'Organisation.
[12] http://cigref.typepad.fr/cigref publications/RapportsContainer/Parus2020/2020 Accompagnement du chan gement evolution etpratiques web.pdf

gestão da mudança e da dimensão humana do projeto.
No entanto, esta é uma dimensão essencial da gestão de projectos de sistemas informáticos. É importante antecipar os problemas que podem surgir, mesmo depois de o projeto ter sido lançado.
Cigref (2003) especifica que: a mudança existe para além da implementação de um projeto, precisamos de aprender com as mudanças passadas, dando um passo atrás e utilizando exemplos para nos ajudar a tomar decisões, precisamos de encontrar o equilíbrio certo, colocando a nós próprios questões como: podemos passar sem a gestão da mudança? Quais são os riscos associados? Não existe uma forma única de gerir a mudança, desde a visão clássica de "formar os utilizadores para utilizarem a nova ferramenta" até à abordagem de melhoria contínua preconizada pelo Lean, que envolve plenamente os utilizadores na construção do próprio sistema.
Podem ser utilizados vários métodos para organizar e apoiar a cooperação entre representantes das empresas, utilizadores e especialistas em TI ao longo do ciclo de desenvolvimento do projeto. Do mesmo modo, vários modelos derivados da investigação em gestão, incluindo o modelo de aceitação da tecnologia, podem ser utilizados para avaliar as reacções das pessoas à introdução de um novo sistema e para prever o seu comportamento em relação ao mesmo.

1.2.3.2. Projectos de sistemas de informação

A preparação de um projeto de SI aumenta a importância da gestão dos sistemas de informação. É fundamental antecipar o desenrolar do projeto, nomeadamente em termos de organização, para evitar problemas futuros com o projeto. A preparação de um projeto SI é, portanto, um elemento essencial que um gestor de projeto deve ter em conta para limitar os problemas futuros inerentes ao projeto.

1.2.3.3. Auditoria do sistema de informação

O objetivo de uma auditoria aos SI5 é identificar os perigos associados à infraestrutura técnica e os riscos funcionais dos SI. [13]O seu âmbito de aplicação é mais vasto do que o de uma

[14] [13] **Eynaud,P.**, 2010, "*Analyse comparative des strategies Internet de deux associations*", systeme d'Information et Management, vol. 15, n°1, pp.69-95

auditoria informática, uma vez que, para além do aspeto técnico, se preocupa mais com os aspectos funcionais e organizacionais do sistema de informação.
A auditoria dos SI baseia-se numa metodologia conhecida como CobiT, que é a referência internacional para a auditoria dos sistemas de informação. Esta metodologia fornece uma série de normas de controlo e de "melhores práticas" para avaliar os riscos informáticos. A auditoria dos sistemas de informação é, por conseguinte, o elemento-chave do controlo da gestão dos sistemas de informação.

1.2.4. O sistema de informação (SI) [14]

1.2.4.1. Definição

O **sistema de informação (SI) é um elemento central** de uma empresa ou organização. Permite que os vários actores envolvidos transmitam informações e comuniquem entre si através de uma combinação de hardware, recursos humanos e software. Um SI permite criar, recolher, armazenar, processar e modificar informações numa variedade de formatos.
O objetivo de um SI é fornecer informações à pessoa certa, no momento certo e no formato certo.
Interação entre sistemas existentes
Uma organização é constituída por um conjunto de sistemas. Existe o sistema operativo, o sistema de direção e o sistema de informação, três subsistemas que interagem entre si:
O **sistema operativo**: é a base de qualquer organização, é o sistema que permite transformar a informação, com o objetivo de a fazer chegar à pessoa certa. Corresponde aos diferentes departamentos de uma empresa.
O sistema de direção: É o que controla e dirige o sistema operativo. Está, portanto, à frente do sistema de informação, definindo objectivos e tomando decisões.
O **sistema de informação**: é o que se situa entre os outros dois sistemas. Este sistema recolhe, armazena, transforma e distribui dados e informações no sistema operacional e de controlo.

[15] [14] **Chanegrih,T.**, 2012, "*Les outils de controle de gestion : entre stabilte et changement*", Management & Avenir, vol. 8, n°58, pp.95-115

Em suma, um sistema de informação permite que o sistema operativo comunique as informações recolhidas e modificadas ao sistema de controlo, que é responsável pelo acompanhamento e pela tomada de decisões.

As funções de um sistema de informação

Existem, portanto, 4 funções principais de um SI:

Recolha: é de onde provêm os dados, onde são adquiridas informações do ambiente interno ou externo da empresa.

Armazenamento: a partir do momento em que a informação é adquirida, o sistema de informação armazena-a. Deve estar disponível e poder ser conservada ao longo do tempo. Esta deve estar disponível e poder ser conservada ao longo do tempo.

Transformação/processamento: esta fase envolve a transformação da informação e a escolha do meio mais adequado para a processar. É criada nova informação através da modificação do conteúdo ou da forma.

Disseminar: o SI transmite então a informação ao seu ambiente interno ou externo.

O objetivo do SI é, portanto, fornecer informações no interior de uma organização que possam ser utilizadas diretamente pelos diferentes intervenientes e facilitar a tomada de decisões.

O papel dos SI no desempenho de uma empresa

O SI tem dois objectivos: funcional e social. No que respeita à finalidade funcional**,** o SI é um instrumento de comunicação entre os vários departamentos de uma empresa e tem um papel operacional e estratégico. O objetivo social, por outro lado, consiste em integrar os trabalhadores na empresa, promover a vida social e a cultura empresarial através da divulgação de informação.

Os sistemas de informação desempenham um papel importante nas empresas **actuais**, sendo mesmo essenciais para o seu bom funcionamento. Um SI de alto desempenho permite a uma empresa otimizar os seus processos, externalizar tarefas de baixo valor acrescentado, melhorar as relações com os clientes, comunicar mais eficazmente e aumentar a produtividade. Se não sabe de que é composto o seu SI, se pensa que não está optimizado ou se pretende actualizá-lo, talvez seja necessário realizar uma auditoria SI.

O próximo capítulo abordará as bases e a abordagem da inovação, com o objetivo de explicar em pormenor o conceito de "***Inovação***", definir os seus critérios fundamentais e, finalmente, explicar a abordagem a seguir para a integrar numa estrutura organizacional.

CAPÍTULO II

BASE E ABORDAGEM DA INOVAÇÃO

O ritmo acelerado do progresso tecnológico reforça a concorrência ao desmodificar rapidamente os produtos e obriga as empresas concorrentes a agir rapidamente, razão pela qual é necessário inovar os produtos antigos para gerar lucros, porque a rentabilidade é uma função direta do domínio da inovação.

Existem muitas formas de inovação, dependendo da cultura e das filosofias de gestão de cada empresa.

Além disso, as estratégias de inovação distinguem-se, antes de mais, pela sua natureza e pelo seu princípio orientador. A inovação é, portanto, o fruto da ação de todos os membros da empresa, sob a inspiração e a autoridade da direção.

Neste capítulo, analisaremos os princípios gerais da gestão da inovação através das suas obrigações, do lançamento de novos produtos e da metodologia da escolha estratégica.

11.1. Obrigações de inovação

11.1.1. Inovação em geral :

Inovação é um termo muito amplo que é sinónimo de novidade no francês corrente. É possível enquadrar este termo de acordo com os seguintes critérios. A definição de inovação de acordo com estes critérios pode ser resumida no diagrama seguinte:

Língua francesa

Sinónimo de novo.

Quadro económico

<u>Critérios</u>

Critérios :

A inovação assume a forma de um novo objeto combinado com uma nova forma de o utilizar.

Gestão

Trata-se de um novo bem ou serviço produzido à escala industrial.

11.1.2. Critérios de inovação

Os prós e contras da inovação responsável estão em constante evolução e continuarão a ser aperfeiçoados através da investigação e da aplicação prática. [15][16][17]Em todo o caso, em 2013, os investigadores Richard Owen , Jack Stilgoe e Phil Macnaghten estabeleceram quatro critérios de referência sobre o assunto. São os chamados critérios ARIR, que significam Antecipação, Reflexividade, Inclusão e Reatividade.

A. Antecipação

Todos os projectos de inovação devem antecipar os diferentes impactos sociais e ambientais, a fim de prever as consequências potenciais (positivas ou negativas) e, em caso de suspeita de impactos negativos, resolver o problema antecipadamente, antes de qualquer compromisso de realização do projeto.

B. Reflexividade

O objetivo é determinar, a priori, a utilidade da inovação. Para ser considerada responsável, a inovação deve prestar um serviço tangível e mensurável.

C. Inclusão

O processo de inovação não deve ser realizado apenas para benefício e consideração do criador e do utilizador final, mas deve incluir todos os intervenientes intermédios e periféricos na cadeia de decisão, que pode variar em função da natureza da inovação.

D. Reatividade

A inovação deve responder a uma necessidade real da sociedade e à evolução dessas necessidades, como a luta contra o aquecimento global, a gestão dos riscos sanitários, etc.

11.1.3. A inovação responsável em ação

No caso de inovações relativamente inócuas, o cumprimento dos critérios ARIR pode ser suficiente para informar as decisões e o processo. No entanto, para as inovações que implicam um elevado nível de investigação e consequências potencialmente importantes em termos de impacto potencial

[16] [15] **Richard Owen** foi um zoólogo, anatomista comparativo e paleontólogo britânico que foi galardoado com a Medalha Real em 1846, a Medalha Copley em 1851 e a Medalha Linnaean em 1888.

[17] [16] **Professor de** tecnologia Inglês

[18] [17] **Professora** de inglês em Tecnologia e Inovação.

(nomeadamente na saúde, no ambiente ou na educação), é necessário aplicar metodologias rigorosas, que envolvam procedimentos de controlo em todas as fases e a mobilização de peritos independentes capazes de avaliar a relação benefício/risco em domínios em que, por natureza, o nível de conhecimento não pode garantir a 100% a segurança da inovação.

Os exemplos incluem processos inovadores ligados às nanotecnologias, organismos geneticamente modificados, inteligência artificial, tecnologias de vacinas, energias renováveis, etc.

Para que as abordagens de inovação responsável sejam verdadeiros factores de progresso, devem basear-se em diferentes níveis de perceção, análise e decisão:

- Análise documentada das grandes questões que se colocam à sociedade e dos debates daí decorrentes, tanto em termos dos regimes a adotar a curto prazo como das suas perspectivas futuras;
- A elegibilidade do projeto de inovação em relação aos critérios de prioridade científica dos organismos públicos e privados de financiamento da investigação e desenvolvimento;
- A definição de modos de conduta na unidade de conceção da inovação em termos de transparência e de ética.

Por outras palavras, devem ser tidos em conta os seguintes elementos:

A sua origem: provém de um avanço tecnológico, de uma nova necessidade e/ou de uma situação de carteira de produtos. Uma vez alcançado o sucesso comercial do seu projeto inovador, as empresas repetem sistematicamente o processo e podem então organizar a sua gestão da inovação.

O seu papel: Tem um papel de edição na economia. Os seus factores são, por isso, considerados decisivos pelos decisores políticos. SHUMPTER mostrou o seu papel no impulso: o empresário inovador, é através de novos produtos, novas técnicas, que as estruturas acabam por mudar.

As suas fases:

1-Invenção: A base da inovação é uma invenção, a criação da oferta.

***2-Modelo de negócio*:** Com base nesta invenção, o empresário constrói um modelo de negócio.
***3- Lançamento*:** A implementação física do modelo de negócio: produção, compras, vendas, etc.

Níveis de aplicação :

Há duas formas principais de aplicar a inovação numa empresa:

- ***Inovação pontual***: um projeto de inovação ou inovação de produto é um projeto para melhorar produtos existentes ou para criar ou adotar uma nova tecnologia de produto.
- **Inovação contínua:** (a longo prazo), designada por inovação total ou gestão da inovação, consiste em assegurar a competitividade a longo prazo (inovação sustentável). A inovação torna-se, assim, um pilar da estratégia, devendo ser criado um sistema de acompanhamento e de partilha de informações, de proteção das inovações e de criação de sinergias de parceria.

Os seus tipos:

uma inovação -^política: acredita na construção de mercados, em torno dos quais se reconhece a presença do Estado e dos organismos reguladores. Pelo contrário, o mercado está longe, tanto no espaço como no tempo, e o modelo político opõe-se aos economistas com uma conceção sociológica da empresa.

b- inovação de comando: a organização é o produto, o produto é a organização, e trata-se de criar um grupo numa base voluntária. O comando abandona frequentemente a empresa.

c- inovação atual: parte importante do vocabulário rico dos criadores de futuro ou da coesão entusiástica do espírito de comando, implica uma melhoria contínua, transferências e empréstimos.

II.1.4. Riscos e factores-chave de sucesso de uma inovação de marketing

A taxa de insucesso comercial das inovações e dos produtos mais inovadores é muito elevada, sendo de 33% a 35% nos anos 60 e 70 para o conjunto dos sectores. Mas os riscos variam consoante o tipo de inovação (radical, nova para a empresa ou para o mercado) e são mais ou menos controláveis. Existem duas fontes de risco possíveis: o risco produto/mercado e o risco empresa/mercado.

11.1.4.1. *Natureza e prevenção dos riscos :*

O risco produto/mercado está ligado à novidade do produto: se for inovador, pode não ser adaptado pelo mercado, o mercado pode ser demasiado pequeno para o tornar rentável ou o diferencial de preço no consumidor pode ser demasiado pequeno.

O risco consiste no facto de os consumidores avaliarem mal o valor do produto, ponderando o risco de um ensaio em relação aos benefícios esperados. Este risco pode ser de diferentes tipos: físico (perigo físico), funcional (mau funcionamento), financeiro, social ou psicológico (questionamento dos hábitos).
O segundo risco está ligado à novidade do produto para a empresa e ao seu grau de adequação às tecnologias, aos canais de distribuição e aos alvos que já estão familiarizados com a marca, porque este produto põe em risco a imagem da empresa.

O risco aumenta em função do grau de novidade do produto em cada uma das duas dimensões. Para conter este risco, é necessário inovar apenas numa das duas dimensões. Estamos, portanto, perante dois tipos de inovação em que o marketing desempenha um papel diferente:

- ***Inovação orientada para a procura:*** quando uma empresa identifica as necessidades dos consumidores e tenta satisfazê-las. Por exemplo, no sector dos cosméticos, foi identificada uma série de necessidades não satisfeitas em relação aos cremes antirrugas, e são lançados novos produtos sempre que a investigação avança para responder melhor a essas expectativas.
- ***Inovação através da oferta:*** quando produtos inovadores são oferecidos ao mercado com base nas competências da empresa. Um exemplo clássico é o Walkman da SONY, que tinha competências na miniaturização de componentes e ofereceu um leitor portátil e um dispositivo de cassetes chamado Walkman, que não foi concebido com base num estudo de necessidades e foi um sucesso. No primeiro caso de

inovação, falamos da função de Marketing, cujo papel é estudar os gostos e determinar as expectativas dos clientes.
As inovações radicais não resultam apenas do estudo dos consumidores, mas da aplicação do progresso tecnológico. Haveria o risco de a inovação permanecer demasiado centrada na análise estrita das necessidades actuais e expressas (LEVIT, 1975), o que pode ser explicado pela falta de motivação dos consumidores e pelo seu desconhecimento das possibilidades tecnológicas.
Os métodos de observação da utilização pelos consumidores podem ser utilizados para estimular a inovação através de métodos etológicos.
Foi assim que a PRODER lançou a marca PANTENE, utilizando cadernos de consumo nos quais os consumidores registam tudo o que comem ou bebem durante um período de tempo.
Os investigadores concordam que as estratégias do lado da procura e do lado da oferta são complementares e contribuem para o sucesso de novos produtos. A função de marketing não é a criadora da inovação; deve assumir rapidamente o controlo para transformar a ideia num produto comercializado a um preço com posicionamento publicitário. Finalmente, quando o produto se afasta dos mercados tradicionais da empresa, o risco centra-se no posicionamento do novo produto dentro da gama atual.
A radicalidade da inovação tem um impacto na cadeia de valor de todos os parceiros do sector (clientes, fornecedores, etc.) (AKRICH, CALLON e LATOUR, 1988). Perante um elevado nível de risco, é necessário examinar os factores de sucesso.

11.1.4.2. Factores de sucesso e orientação para o mercado :

Os resultados do trabalho de COOPER e outros evidenciaram que os factores-chave de sucesso convergem com as dimensões ligadas à adaptação ao cliente, à vantagem competitiva, associada ao domínio através de preços atractivos, surgindo apenas mais tarde os aspectos da investigação e da organização. Ao centrarem-se na orientação para o mercado, os autores analisam, por sua vez, o papel da organização no sucesso e no fracasso das inovações, o papel da informação sobre o mercado e das estratégias proactivas durante a fase de lançamento, e a relação com os concorrentes durante a adaptação e a difusão.

11.2. Factores-chave para o sucesso de 1 inovação

1. **Fator 1:** Partilhar uma visão comum da revolução da empresa.
2. **Fator 2:** Estruturar o processo e supervisionar a aquisição de valor.
3. **Fator 3:** Criar uma cultura de iniciativa e abrir o processo.
4. **Fator nº 4:** Implementar uma visão alargada do objeto.

A inovação é uma das vias potenciais de crescimento das empresas. No entanto, iniciar, gerir e sustentar um processo de inovação não pode ser conseguido através de abordagens "tradicionais", nem pode ser reduzido apenas a práticas de estratégia, conceção técnica ou gestão de projectos. Devido à sua natureza complexa, polimórfica e incerta, **os processos de inovação exigem abordagens múltiplas, diversificadas e interdisciplinares**. Como qualquer mudança gera inerentemente uma resistência proporcional à sua intensidade, é também essencial colocar as pessoas no centro do processo.

Vamos descobrir juntos as bases que deve criar na sua empresa, a uma escala de gestão estratégica, para garantir o sucesso do seu processo de inovação.

Fator n°1: Partilhar uma visão comum da evolução da empresa.

Estabelecer uma estratégia a curto, médio e longo prazo para a sua empresa é uma boa prática. No entanto, isso não é suficiente para pôr em marcha um processo de inovação, cujo papel é concretizar as suas diferentes opções estratégicas e valorizá-las num ambiente técnico, económico e social. Com efeito, é antes de mais partilhando a orientação geral da revolução da empresa com os diferentes membros do pessoal que conseguirá atrair apoios e, sobretudo, co-construir e granularizar o seu plano de ação.

| **Quanto mais depressa se conduz, mais longe se tem de ver**" (J. Lesourne)

Dar uma direção e uma descrição do futuro desejado é um dos preceitos básicos da inovação. Quanto mais incerto for o ambiente, maior será a necessidade de adotar e comunicar uma visão de futuro. A sua apropriação pelos actores será então a chave da sua implantação e da sua ancoragem no ambiente.

Partindo da sua estratégia, é necessário definir o know-how a reter, as actividades a abandonar, as competências a adquirir e as parcerias a desenvolver. Ao partilhar esta visão fundamental com o seu pessoal, este poderá absorvê-la e aculturá-la, permitindo-lhe trabalhar com ele na conceção das actividades, produtos, métodos e organização que darão vida a esta estratégia.

Fator nº 2: Estruturar o processo e supervisionar a aquisição de valor.

Este fator é provavelmente um dos mais difíceis de gerir. Por um lado, é necessário estabelecer um enquadramento para dar vida à nova atividade e eliminar os obstáculos recorrentes aos projectos de inovação (custo, tempo e persistência em projectos que não geram valor). Ao mesmo tempo, este quadro não deve inibir a iniciativa e a criatividade dos actores.

Para o conseguir, é necessário criar um certo número de elementos, tendo o cuidado de os adaptar ao contexto da empresa:

Definição de formas de trabalho e organização de equipas

Implementação de ferramentas de gestão de recursos

Seleção de ferramentas de processamento de dados e de apoio à decisão

Desenvolver um sistema para medir e desvalorizar a atividade nas suas várias fases. Marcar as transições entre estas fases com reuniões GO/NO GO.

Fator 3: Criar uma cultura de iniciativa e abrir o processo.

O processo de inovação é pontuado por estudos e acções. Estas últimas permitem clarificar progressivamente a proposta de valor e testar a funcionalidade de um produto. Para crescer num terreno o mais fértil possível, estes estudos e acções devem poder desenvolver-se em condições favoráveis, o que aumentará as hipóteses de sucesso do projeto.

Ao abrir o processo de desenvolvimento ao mundo exterior e ao encorajar as pessoas a tomar a iniciativa, o projeto dá a si próprio os meios para ser inovador e para encontrar o seu lugar no seu ambiente quando é lançado. Para que isto aconteça, podem ser postas em prática várias práticas ao longo do projeto:

Testar ideias, POCs e protótipos com peritos externos, bem como com clientes actuais e potenciais

Organização de sessões de brainstorming entre pessoas de diferentes departamentos

Fazer parte de um processo contínuo de análise da concorrência e de observação da tecnologia

De um modo mais geral, cada trabalhador deve ter em conta que propor alterações a qualquer aspeto do processo de inovação (processo, produto, organização, estratégias) faz parte da sua responsabilidade e deve sentir-se em condições de o fazer.

Fator nº 4: Implementar uma visão alargada do objeto.

Um erro comum na inovação é abordar o desenvolvimento de um novo produto "em silo", separando os diferentes problemas a resolver em entidades especializadas. Ao fazê-lo, nega-se a natureza complexa e sistémica do processo de inovação e aumenta-se o risco de desenvolver soluções não rentáveis e difíceis de fabricar e comercializar. Não estamos aqui a dizer que as tarefas não devem ser divididas de acordo com as especialidades de cada um, mas estamos a salientar a necessidade de pensar a inovação como um tríptico composto:

O produto e as suas caraterísticas

O modelo de negócio associado

O sistema tecnológico necessário para a sua realização (competências, equipamentos, saber-fazer da empresa, especificidade do emparelhamento produto/processo)

Desta forma, já não se trata apenas de pensar a inovação em termos de "produto", mas sim de a considerar através deste trio. A criação de inter-relações entre estes elementos ao longo do processo aumentará mais uma vez as hipóteses de sucesso e a viabilidade dos projectos.

Estes quatro factores-chave de sucesso constituem a base para a implementação do processo de inovação e podem ser utilizados como **referência para o seu método de gestão da inovação**, em conformidade com a norma internacional **ISO 56 002**. (V. Boly, M. Camargo & L. Morel (Dir), 2016)

De uma forma muito pragmática, as diferentes acções

implementadas podem ser categorizadas em termos da sua contribuição para os diferentes factores presentes. Ao manter esta base de dados actualizada regularmente, pode comparar a eficácia e a complementaridade das diferentes práticas em vigor, melhorando assim continuamente o seu processo.

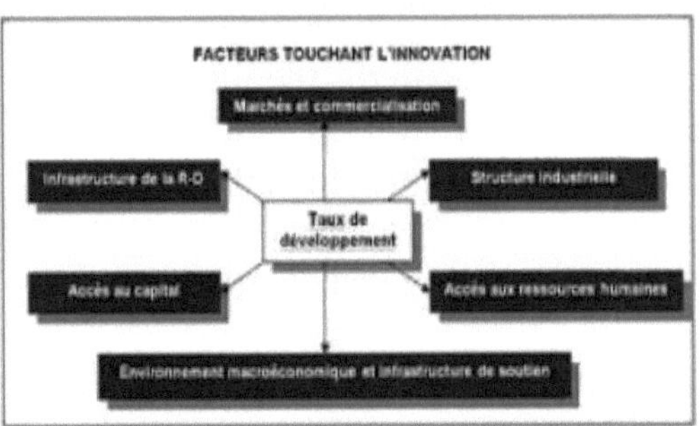

A figura seguinte (Figura 3), proposta por M.GIGET, a partir do diamante da inovação total, ilustra todas as interações necessárias entre as funções da empresa para ativar o seu processo de inovação e criar uma capacidade inovadora que tenha em conta todas as dimensões da inovação: inovação de produto, inovação de processo, inovação organizacional, etc.

11.3. O diamante da inovação total

[18]Marc Giget define dez eixos de comunicação no seu diamante da inovação. Cada eixo liga uma função da empresa a outra, permitindo que todos os actores interajam entre si por diversos meios. Os 10 eixos de comunicação que compõem o diamante são :

1. Inovação de produtos: o departamento de I&D trabalha com o marketing e as vendas para criar e conceber um produto.
2. Autogestão, participação e participação nos lucros: associar recursos financeiros e humanos para gerir o tipo de investimento mais adequado ao projeto de inovação.
3. Inovação na gestão do pessoal de investigação (RH <-> I&D): este tipo de inovação resulta da interação entre o pessoal e o departamento de I&D.
4. Inovação na força de vendas: promover a inovação na força de vendas através da comunicação entre os RH, o marketing e

[18] Marc Giget é atualmente Presidente do Instituto Europeu de Estratégias Criativas e Inovação (EICSI) e do Club de Paris des Direteurs de l'innovation, do qual é responsável pela gestão científica e pelos programas de formação. É membro da Academie des Technologies.

as vendas.

5. Inovação no financiamento das vendas: esta área é gerada pela combinação das funções de inovação de Finanças e Vendas.

6. Financiamento da inovação: na mesma linha, o financiamento da I&D exige uma interação entre estes serviços

7. Inovação de processos: numa relação tradicionalmente, a inovação de processos resulta da sinergia entre os processos de I&D e de produção.

8. Inovação social e organizacional: a inovação para melhorar a produtividade e o clima social, nomeadamente em termos de organização, é conseguida através da combinação das divisões de RH e de Produção.

9. Inovação na distribuição: a redução ou minimização dos custos de distribuição exige a otimização do processo interfuncional entre a produção e o mercado

10. Inovação no financiamento da produção: inovar no financiamento da produção significa aproximar os recursos financeiros e o processo de produção.

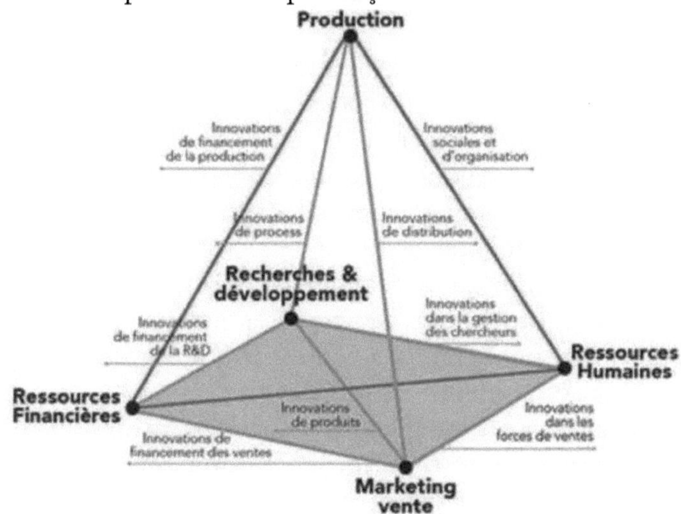

Este diamante destaca um conjunto de aspectos que permitem utilizar todas as opções possíveis para estimular a criatividade e a assunção de riscos necessários à inovação, desde que esta não se limite apenas à inovação técnica ou tecnológica de

produtos. Desta forma, todos os elementos envolvidos num processo de inovação podem ser tidos em conta.
Por exemplo, um serviço prestado a um determinado utilizador é avaliado em termos globais - qualidade e eficiência -. Por conseguinte, qualquer inovação que afecte um elemento deste serviço terá de ser avaliada também de um ponto de vista global. Consequentemente, se uma empresa que presta um serviço decidir inovar, terá o cuidado de incluir os vários elementos envolvidos na prestação desse serviço de uma forma coerente.
Mais concretamente, aplicar o diamante da inovação de Marc Giget significa fazer um compromisso entre inovar, acrescentar valor e otimizar: reduzir os custos, melhorar os desempenhos, introduzir mudanças, criar novos serviços/produtos, novos métodos de investimento, assumir riscos por parte dos gestores, liberdade de criatividade concedida aos trabalhadores ou colaboração interna/externa, etc., com uma abertura de reflexão a todas as unidades de negócio da empresa. e a abertura do processo de reflexão a todos os sectores da empresa.
Segundo Marc Giget, o conhecimento deve ser a força motriz da inovação, porque qualquer pessoa pode ter uma ideia e apresentá-la. O intercâmbio e a diversidade de ideias podem gerar inovações baseadas no conhecimento e não apenas na tecnologia e na investigação científica (frequentemente inovação de produtos).
Em conclusão, embora a tecnologia desempenhe certamente um papel importante na inovação e esteja frequentemente associada a ela, não devemos esquecer que na origem de cada mudança está uma ideia.
Esta ideia surge de uma necessidade, de um desejo, de uma vontade de melhorar ou de fornecer uma nova solução, etc.
Para implementar com êxito um projeto de inovação baseado no conhecimento, é necessário respeitar globalmente três etapas importantes: geração de ideias (como definir a necessidade, ser criativo, etc.), concetualização (integrar elementos de conhecimento, tecnologia, custos, serviços, etc.), marketing (comercialização, utilização de tecnologias, etc.).

11.4. Lançamento de um novo produto

1 -Os desafios do lançamento:

1-1. Incentivar a adaptação da inovação e acelerar a sua difusão :

Este processo de adaptação é o mecanismo através do qual os clientes tomam conhecimento da existência do produto, experimentam-no...

As empresas compreendem como funciona este processo, para poderem penetrar mais facilmente no mercado e maximizar as vendas.

Vários estudos investigaram o processo de adaptação resumido neste quadro:

Quadro II.1: Processo de adaptação

Le processus d achat	*L adoption des innovations*	*Les hi rarchies des effets*	*L adoption des produits faible effort*
Identification du besoin ↓ Recherche d information ↓ Evaluation des alternatives ↓ Achat et an sommation	Pris de ancien de l existence de produit ↓ Int r t ↓ Evaluation ↓ Essai ↓ Adoption	Prise de conscience ↓ Connaissance ↓ Appr ciation ↓ Pr f rence ↓ Conviction ↓ Adoption	Prise de conscience ↓ Essai ↓ Attitude ↓ Adoption

Principais etapas do processo de adaptação das inovações

As estratégias de lançamento destinadas a promover a adaptação têm um triplo objetivo:

- ***Objetivo de notoriedade*** :

Sensibilizar para a inovação.

- ***Objetivo da informação :***

Promover a informação sobre as caraterísticas da inovação.

- ***Objetivo do teste :***

Incentivar os compradores a experimentar a inovação.

A adaptação das inovações depara-se com um certo número de obstáculos baseados tanto nos hábitos adquiridos como na perceção dos riscos, que podem ser físicos, sociais ou económicos, ou ainda na incerteza quanto ao desempenho do novo produto.

A adaptação refere-se ao processo individual de reação à inovação, enquanto a difusão é um processo coletivo e resulta da agregação de processos de adaptação individuais. Devido à multiplicidade de fases do processo de adaptação e aos obstáculos existentes, a difusão das inovações tem geralmente um arranque muito lento. A difusão das inovações tem geralmente um arranque muito lento. O objetivo das estratégias de lançamento é, portanto, acelerar a difusão no início do ciclo de vida da inovação.

1.2. Escolha dos objectivos de lançamento :

Para preparar o lançamento, a primeira decisão a tomar é definir os alvos a atingir (clientes). Na fase de lançamento, é preferível visar os primeiros utilizadores do produto.

Os investigadores estão interessados nas caraterísticas destes adoptantes, que são resumidas no quadro seguinte:

Quadro II.2: ***<u>Caraterísticas dos primeiros utilizadores de inovações</u>***

Caract ristique socio- conomique	Traits de personnalit	Comportement de
1. Haut niveau d ducation et de culture 2. Haut statut social 3. Mobilit social vers le haut 4. Attitude favorable l emprunt 5. Si l innovation est adopt e par les entreprises : - Grande taille de l organisation - Activit commerciale et sp cialis e	1. Empathie. 2. Moindre dogmatisme. 3. Capacit d abstraction. 4. Rationalit . 5. Intelligence. 6. Ouverture de changement. 7. Capacit supporter le risque de l incertitude. 8. Volante d accomplissement personnel. 9. Attitude favorable vis- -vis de	1. Connexion du syst me social et forte exposition la communication interpersonnelle. 2. Exposition au m dia. 3. Recherche active d information sur les innovations. 4. Leaders d opinion. 5. Appartenance des r seaux sociaux actifs.

São excelentes transmissores de comunicação e as suas caraterísticas demográficas e de personalidade permitem formular um certo número de recomendações operacionais para a estratégia de lançamento. O impacto destas caraterísticas deve ser matizado:

* As caraterísticas individuais dos "early adopters" variam em função do seu grau de inovação.

* A rapidez com que uma inovação pode ser adaptada depende de factores situacionais ligados à compra pretendida, ao envolvimento na categoria de produtos e à forma como a inovação é perdida.

É essencial convencer todos os actores que podem aumentar a

sua credibilidade e atuar como intermediários de comunicação:
* Os distribuidores precisam de estar convencidos da relevância da inovação para a recomendarem aos seus clientes.
* Os parceiros comerciais e os fabricantes de produtos complementares são também um alvo privilegiado.
* Os líderes de opinião (jornalistas, médicos, etc.) devem ser tidos em conta.

2. *Gestão do tempo durante a fase de lançamento:*

- Quando é que se deve lançar uma inovação e como é que se gere o tempo envolvido na fase de lançamento?

2.1. O momento do lançamento :

A inovação tem de ser lançada o mais cedo possível para acompanhar as expectativas do mercado, para evitar que as tendências se tornem obsoletas e também para colocar o produto no mercado antes da concorrência, mas esta rapidez pode ser posta em causa por vários motivos:
Em primeiro lugar, existe um compromisso entre a data de lançamento e o desempenho do produto comercializado e, em segundo lugar, os novos operadores enfrentam riscos de fracasso particularmente elevados. Por último, a obsessão pela rapidez na escolha da data de lançamento leva por vezes as empresas a canibalizar os seus produtos existentes. A empresa deve definir o momento exato do lançamento, tendo em conta três critérios:

- Outros lançamentos previstos pela empresa: evitar o lançamento simultâneo de vários produtos novos.
- Lançamentos planeados pelos concorrentes.
- A natureza sazonal de muitos mercados significa que as inovações são lançadas imediatamente antes da época alta. Os fabricantes aproveitam as épocas ou ocasiões para apresentar a sua inovação, a fim de beneficiarem da atenção mobilizada de todas as partes interessadas (clientes, jornalistas , etc.).

2.2. A possível dissociação temporal entre lançamento e comunicação: Pré-anúncio

Em alguns sectores, as empresas optam por anunciar as suas inovações com antecedência. Por exemplo, a Sony anunciou a PLAY STATION 2 um ano antes do seu lançamento no Japão.
O pré-anúncio tem efeitos positivos: permite construir

antecipadamente a reputação do produto e iniciar o processo de adaptação antes de o produto ser lançado no mercado, o que pode gerar um nível elevado de vendas e acelerar a difusão da inovação. Além disso, o pré-anúncio pode incentivar certos clientes a adiar a compra de um produto para aguardar a inovação anunciada.

Estes efeitos não são isentos de inconvenientes: o pré-anúncio implica a fixação de certas caraterísticas técnicas enquanto o produto ainda não está finalizado e pode igualmente levar a empresa a canibalizar os seus próprios produtos. Através do seu pré-anúncio, a empresa revela os seus projectos de inovação aos seus concorrentes, que tentam limitar o impacto positivo deste anúncio lançando um novo produto. O pré-anúncio teve, por conseguinte, um efeito dissuasor inteiramente favorável ao seu instigador.

Como é que uma empresa pode determinar se e quando vale a pena anunciar antecipadamente a sua inovação? São várias as variáveis em jogo:

*Categoria do produto.

*O ambiente concorrencial mais ou menos reativo.

*A posição da empresa no seu mercado: a sua quota de mercado.

*A própria inovação: os custos de transferência associados à sua aquisição.

3. Intensidade de lançamento e alavancas de ação :

Depois de ter definido os objectivos, a data de lançamento e os meios de comunicação, a empresa organiza os pormenores práticos do seu lançamento, começando pela intensidade e depois pelas alavancas de ação.

3.1. A intensidade do lançamento:

O lançamento em massa refere-se à utilização intensiva e paralela de todos os instrumentos de marketing para acelerar a adaptação e a distribuição do produto, a fim de atingir os três objectivos de um lançamento no mais curto espaço de tempo possível: criar consciência da marca, informar as pessoas sobre as caraterísticas do produto e incentivá-las a experimentá-lo. Os riscos de uma tal estratégia residem no seu custo extremamente elevado, concentrado no tempo. Um lançamento maciço pressupõe uma reação rápida do mercado a que a empresa deve estar apta a fazer face, pelo que requer uma capacidade de produção significativa desde o lançamento, associada a boas previsões de vendas. A empresa corre o risco de ficar sem stock ou, pelo contrário, de ter grandes stocks se as suas previsões forem demasiado optimistas.

Este tipo de estratégia faz sentido quando a empresa não foi pioneira e quer recuperar rapidamente o atraso em relação aos seus concorrentes.

Os lançamentos intensivos são igualmente favorecidos pelas empresas que pretendem tornar-se a referência do mercado e cujas actividades se caracterizam pela externalização da rede. A primeira PLAY STATION da SONY, por exemplo, insere-se nesta categoria: os investimentos maciços concentram-se no arranque rápido das vendas e em tornar-se uma referência para os clientes.

A alternativa a esta estratégia é a empresa efetuar lançamentos progressivos, menos onerosos mas com um impacto mais lento no mercado. A empresa efectua apenas algumas operações de marketing durante o lançamento. Em seguida, a empresa apoia-se na difusão da informação de boca em boca e na imitação progressiva dos primeiros utilizadores. Esta estratégia é adequada quando a categoria de produtos se caracteriza por um processo de adoção e de difusão lento e quando a empresa dispõe de uma capacidade de investimento limitada em matéria de marketing e de produção. Os riscos de um lançamento gradual consistem em atrasar a difusão, informando demasiado tarde os potenciais clientes, e em ser ultrapassado por um concorrente que adopte uma estratégia intensiva.

Quadro 3: **_Exemplo de um lançamento maciço: o XSARA Picasso da CHгoën_**

setembro de 1998	-Informações para os vendedores. -Apresentação do modelo e do nome à imprensa.
outubro de 1998	-Apresentação no Salão Automóvel de Paris. -Os clientes podem reservar o modelo.
setembro de	-Confirmação da encomenda.

1999	-Acordo para os concessionários no Mónaco. -Testes de imprensa durante uma semana.
novembro de 1999	-Receção de um modelo em cada concessionário. -Formação em vendas para gestores regionais.
dezembro de 1999	-Completar a literatura de vendas enviada aos pontos de venda. -Início da campanha publicitária televisiva.
janeiro - março 2000	-Continuação da campanha publicitária. -Oportunidade para os clientes verem e experimentarem o

carro.

-Capas e lápis de cor para crianças: concurso "Desenha o teu próprio XSARA Picasso".

3.2. Alavancas de marketing na fase de lançamento :

A empresa define as suas acções de marketing com base num conjunto de alavancas agrupadas sob a designação de "marketing mix": produto, preço, distribuição e comunicação. A adoção é facilitada quando os potenciais compradores consideram a inovação como :

S Oferecer uma forte vantagem relativa sobre os produtos concorrentes.

S Compatível com os seus valores, experiências e necessidades.

S Não é muito complexo.

S Fácil de experimentar numa base limitada.

S Fácil de observar em termos de desempenho e de resultados.

S Não é muito inovador.

No que diz respeito à variável produto, é frequentemente recomendado, na fase de lançamento, comercializar uma gama restrita, ou seja, um número limitado de variantes: trata-se de assegurar a homogeneidade dos primeiros utilizadores das inovações e de reduzir os custos associados a uma vasta gama numa altura em que o investimento é elevado. Quando a inovação entra na fase de crescimento, a empresa poderá alargar a sua gama para responder a um mercado mais heterogéneo.

O nome da inovação é uma decisão importante, e a empresa pode escolher entre três opções: um nome que descreva a função do produto (como Walkman ou Mini Doux), um nome que descreva o posicionamento da inovação (como Avantime ou Espace) ou um nome sem significado (como Twingo ou Swiffer), que deixa mais flexibilidade para o futuro.

Em termos de preços, existem igualmente duas abordagens principais na fase de lançamento: um preço de lançamento corresponde a um nível elevado que gera uma margem unitária elevada, correndo o risco de limitar os volumes vendidos. Este preço é adequado quando a empresa tem uma capacidade de produção limitada e enfrenta uma incerteza considerável quanto à dimensão do seu mercado. Tem a vantagem de limitar os riscos comerciais e de favorecer um retorno rápido da inovação.

Inversamente, um preço de penetração é fixado a um nível baixo com o objetivo de acelerar a difusão do produto e maximizar as vendas. É adequado quando o mercado se caracteriza por uma elevada elasticidade dos preços e quando se espera que uma procura significativa compense a baixa margem unitária obtida.

A distribuição e a comunicação também são importantes. Uma distribuição alargada permite que a inovação seja oferecida a um grande número de potenciais adoptantes, mas exige frequentemente um investimento significativo. A comunicação reúne uma vasta gama de alavancas, algumas das quais se destinam a dar a conhecer a inovação (publicidade, imprensa, marketing direto, etc.). Outras incentivam a experimentação: distribuição de amostras, etc.

A comunicação baseada no boca-a-boca é conhecida como "marketing viral" e consiste em contactar diretamente potenciais clientes, identificados como líderes de opinião, para transmitir informações sobre uma inovação. Por exemplo, o primeiro telefone WAP desenvolvido pela Nokia tornou-se muito popular graças a uma mensagem de correio eletrónico que variava as suas caraterísticas e prometia um aparelho gratuito a quem enviasse a mensagem a 25 pessoas.

Em suma, existem várias alavancas para o lançamento de uma

inovação, mas é essencial coordenar todas as operações para garantir que a distribuição, a produção e a procura estão em sintonia e, uma vez efectuado o lançamento, é necessário analisar os resultados para desenvolver acções corretivas. A empresa deve passar por cada etapa do processo de adoção e analisar os indicadores correspondentes a cada uma delas: conhecimento da existência da inovação, imagem para a atitude, taxa de penetração experimental para a primeira adoção, taxa de conversação para a adoção definitiva de produtos de compra repetida. Apenas indicadores favoráveis em cada um destes critérios lhe permitirão considerar a sua missão cumprida.

11.5. A metodologia da escolha estratégica para a inovação

Qualquer processo de decisão é progressivo e iterativo: tem de ser repetido várias vezes antes de se obter um resultado. Começa com uma análise da realidade quotidiana (simplificada para ir direto ao assunto), mede e compara as diferentes oportunidades e multiplica os pontos de vista contraditórios sobre a questão para garantir que nenhum aspeto importante é esquecido.

Depois, há a interpretação e a avaliação dos resultados. A avaliação das oportunidades, dos seus custos e dos seus riscos continua a ser uma das partes mais difíceis da abordagem estratégica.

Finalmente, chega o momento da decisão global, a decisão estratégica. Esta decisão deve ser cuidadosamente pensada e basear-se nas duas primeiras fases descritas acima, porque determinará o futuro da empresa - o seu sucesso ou o seu fracasso.

1- Estudo e análise estratégica da inovação

- Consultar e fazer perguntas :

Para chegar a uma decisão delicada, é necessário, em primeiro lugar, fazer as perguntas certas. O seu objetivo será ajudar todos a compreender os factos, as evoluções possíveis, as oportunidades e os riscos. Mas não darão uma resposta única e simples. Quanto mais aprofundado for o trabalho preparatório, mais matizadas serão as respostas, e o seguinte é um modelo de conjunto de perguntas que podem ser úteis nesta fase:

<u>É aqui que entra a grande inovação:</u>

Resolução de um problema comercial importante: **inovação defensiva.**

Assegurar o crescimento nos próximos anos e manter-se à frente da concorrência (estratégias de primeiro movimento): **Inovação ofensiva**.

Fazer o que a concorrência está a fazer: **inovação imitativa.**

Responder a uma oportunidade que não voltará a surgir: **inovação no oportunismo**.

Capitalizar um avanço científico ou tecnológico conhecido noutros locais, através da aquisição de uma patente: **Inovação da inteligência tecnológica** .

<u>Em que é que a inovação se pode centrar :</u>

✓ Sobre os produtos fabricados e a sua conceção.
✓ Nas máquinas.
✓ Sobre novos materiais a serem transformados.
✓ Sobre o saber-fazer, a organização da produção e a subcontratação...

<u>Meios que podem ser utilizados:</u>

✓ Tirar o máximo partido de um recurso interno.
✓ Aquisição de patentes.
✓ Aquisição de aconselhamento externo.
✓ Implementação de um programa de formação.
✓ Aquisição de materiais/máquinas que incorporem novas tecnologias.
✓ Contratação de um técnico para prestar serviços especializados.

<u>Oportunidades reais de mudança:</u>

✓ Com a tecnologia disponível.
✓ Com a estrutura material da empresa.
✓ Com a solvência dos clientes.
✓ Com o grau de vontade dos trabalhadores e dos parceiros da empresa...

11.6. As principais fases do ciclo de vida de uma empresa

Cada empresa, qualquer que seja a sua forma ou estrutura, é

um sistema em evolução com um ciclo de vida, tal como o Homem, enquanto sistema, também tem um ciclo de vida, desde a conceção até à morte.

A propósito, as cinco fases principais do ciclo de vida de uma empresa são as seguintes:

Fase I: O projeto da empresa

Fase II: Criação ou lançamento

Fase III: O défice de desenvolvimento

Fase IV: Crescimento

Fase V: Maturidade

Fase VI: Gestão da mortalidade e recuperação.

Fase 1: O projeto da empresa.

- ✓ O produto não existe de facto;
- ✓ Fazemos planos;
- ✓ Não temos experiência em gestão de produtos

Fase 2: Criação ou lançamento

- ✓ O produto passa do objetivo no papel a uma primeira tentativa de realização (protótipo).
- ✓ A inovação pode ser de alta tecnologia, mas continua a ser relativamente simples.
- ✓ A empresa precisa de mais dinheiro, com um nível de risco muito elevado.

Fase 3: O défice de desenvolvimento

- ✓ Este é o período crucial da vida do produto, quando este se encontra a meio da sua fase de crescimento.
- ✓ As necessidades de capital estão a crescer mais rapidamente do que as entradas de caixa.
- ✓ Existe sempre um fosso entre as esperanças do próprio sucesso (atrasos inesperados e vendas não concretizadas).

Fase 4: Crescimento.

- ✓ Os resultados positivos chegaram finalmente.
- ✓ Aumentaram o mercado.
- ✓ Temos de investir rapidamente para satisfazer a procura.

Fase 5: Maturidade

- ✓ A fase de maturidade é a fase em que as vendas do produto começam a estabilizar após um rápido crescimento.
- ✓ Assim, o produto encontrou o seu lugar e as vendas atingiram o seu pico.

Fase 6: Gestão da mortalidade e recuperação.

✓ O mercado está a saturar.

✓ Conheces o teu trabalho, mas é difícil desafiares-te a ti próprio.

✓ Geramos mais dinheiro do que o necessário para fazer crescer a nossa atividade.

11.6.1. O modelo de ciclo de vida da tecnologia

O que acontece com os produtos também acontece com as tecnologias. Podemos, portanto, aplicar o modelo do ciclo de vida a muitos aspectos das organizações humanas e, em particular, aos projectos tecnológicos.

Consoante o grau de maturidade tecnológica do processo de produção, é possível produzir em pequenos lotes (produção em linha de montagem) ou utilizar a tecnologia contínua, que combina a normalização máxima dos componentes com a complexidade crescente e a diferenciação dos produtos acabados. Dito isto, as tecnologias podem ser divididas em categorias distintas, como se segue:

Tecnologias standard: Trata-se de tecnologias amplamente utilizadas por todas as empresas. São obrigatórias para todos, mas já não constituem um objeto de diferenciação competitiva.

§ ***Tecnologias-chave:*** são aquelas que determinam atualmente as diferenças e as vantagens competitivas de uma empresa em relação aos seus concorrentes.

Tecnologias do futuro: Trata-se de um vasto conjunto de conceitos que alteram profundamente a relação de forças entre as empresas, em benefício de quem as domina, se estas tecnologias se revelarem aplicáveis.

11.6.2. A escolha estratégica da inovação

2.1. Decidir sobre uma estratégia

Quando as estratégias de reposicionamento, de modernização dos antigos artigos da gama e de alargamento da gama não atingiram os objectivos fixados pela empresa e já não garantem o seu desenvolvimento e a sua sobrevivência, tendo em conta a evolução da procura e da concorrência, o gestor de marketing deve considerar o lançamento de um produto que crie um novo mercado.

Assim, antes de se lançar numa estratégia de inovação longa, dispendiosa e arriscada, é do interesse da empresa estudar outras estratégias de acesso à inovação, tais como : acordos de cooperação com outras empresas (alianças, parcerias), crescimento externo através da aquisição ou participação em empresas com projectos de produtos ou com um departamento de I&D de alto desempenho, subcontratação da investigação a organismos de investigação privados ou públicos, aquisição de patentes, fabrico sob licença ou acordos de franquia.

2.2. Tipos de estratégias de inovação

- ***Estratégia de inovação :***

As empresas podem optar por uma estratégia de imitação, "copiando" um produto inovador que acaba de ser lançado por uma empresa inovadora. Neste caso, não beneficiarão das rendas de monopólio temporárias de que beneficiam os inovadores: A Sony, por exemplo, sabia que não podia evitar que o seu famoso Walkman fosse copiado. Não é surpreendente que, três anos após o aparecimento do Walkman em 1979, os imitadores tenham conquistado 80% do mercado criado pela Sony.

Assim, para travar o declínio da sua quota de mercado, a Sony optou por lutar não com base no preço ou no investimento em marketing, mas multiplicando fortemente o número de produtos oferecidos aos clientes. A Sony colocou no mercado cerca de 170 versões do modelo original, ou seja, duas ou três vezes mais do que os seus concorrentes. Ao adaptar os seus produtos às necessidades de uma vasta gama de clientes, a Sony conseguiu ultrapassar os seus concorrentes e conquistar o primeiro lugar do mercado com uma quota de 40%, um valor muito elevado num sector tão competitivo.

Por outro lado, a empresa evitará os riscos inerentes ao lançamento de um produto inovador e, graças a uma estratégia de posicionamento judiciosa, poderá alcançar muito rapidamente o líder inovador, especialmente se este último for pequeno e tiver uma base financeira demasiado limitada para erguer barreiras à entrada (reputação, imagem, domínio dos custos, etc.).

- ***A estratégia de inovação incremental:***

A inovação incremental é uma estratégia que não conduz à

criação de produtos e mercados genuinamente novos. Envolve a introdução de melhorias nos produtos existentes. Quando uma empresa adopta esta estratégia para um dos seus produtos, é designada por estratégia de adoção. Os consumidores consideram a maior parte destas inovações diferenciadoras como falsas inovações.

De facto, para os clientes, o produto e o serviço (a melhoria introduzida num produto) são duas faces da mesma moeda. Para os fabricantes, o produto e o serviço oferecem muitas oportunidades para trazer valor ao cliente e ganhar vantagem competitiva através da diferenciação.

A maioria dos gestores está bem ciente dos riscos associados a um mau serviço. Estima-se que 70% dos consumidores insatisfeitos com um produto não se dão ao trabalho de reclamar. Por isso, é preciso melhorar o produto e prestar um serviço pós-venda.

- ***A estratégia de inovação disruptiva*** :

Está na origem de produtos verdadeiramente inovadores. É geralmente o resultado de investigação e desenvolvimento e muito raramente de estudos de marketing. O produto inovador preenche quer uma função anteriormente desempenhada por outro produto (por exemplo, o DVD em comparação com a cassete de vídeo ou o CD-ROM), quer uma função inteiramente nova (por exemplo, o computador multimédia).

No primeiro caso, a empresa desenvolve-se num mercado de substituição de um mercado principal existente, seguindo uma estratégia de produto de substituição.

No segundo caso, cria um novo mercado complementar (por exemplo, o mercado das Webcam em complemento do mercado dos computadores multimédia) ou uma combinação (produto inovador X novo mercado) em que beneficiará das vantagens da proteção jurídica (através do registo de patentes) e do monopólio, mesmo que temporário.

CAPÍTULO III

APRESENTAÇÃO DO INSTITUTO SUPERIOR DE GESTÃO DE KINSHASA

111.1. O nome

O nosso instituto chama-se Hnstitut Superieur de Gestion (ISG). Foi criado por iniciativa do Professor BUGEME CHIRABA Jerome, na altura Chefe de Estudos, em dezembro de 2005, e é atualmente Professor Ordinário, nomeado por Despacho Ministerial.

111.1.2. Sede social

O Institut Superieur de Gestion, ou abreviadamente ISG, está situado na Avenue Benseke n°10, na comuna de NGALIEMA, Quartier Macampagne.

111.1.3. Metas e objectivos

O objetivo da instituição é proporcionar ensino superior em :

> Assistência Social e Gestão de Recursos Humanos ;

> Desenvolvimento comunitário e gestão da população ;

> Marketing e gestão empresarial ;

> Gestão de empresas ;

> Secretariado do Gabinete de Contabilidade e Gestão de Activos ;

> Sistemas de Informação de Gestão.

Os objectivos do ISG incluem:

> Formação superior de intelectuais nos domínios acima referidos;

> Requalificação do pessoal dos sectores público e privado nos domínios acima referidos;

> Sensibilizar os intelectuais para a importância da especialização profissional, através de actividades, conferências e jornadas de reflexão.

111.1.4. Organização

111.1.4.1. Organização administrativa

Os órgãos do ISG são :

> O Conselho de Administração ;

> O comité de gestão ;

> Pessoal académico e científico ;

> Pessoal administrativo ;

> Trabalhadores.

111.1.4.2. O Conselho de Administração

É composto por um presidente, dois vice-presidentes e cinco membros.

Funções	Nomes e pós-nomes	Cargos exercidos noutros locais
Presidente	Sr. NYAMABO	Conselheiro Geral Emérito
1° vice-presidente	Coronel KELO	FARDC/Coronel
2° vice-presidente	Tenente-coronel RUNGUEZI KUNGU	FARDC/ Tenente-coronel
Membros	Sr. MBOKOLO	Diretor do DEA
	Sra. Tulumuni Suíça	Enfermeira no Centro Nganda
	Sr. BUGEME CHIRABA	Secretário Permanente

III.1.4.3. O comité de gestão

Funções	Nomes e pós-nomes	Estudos efectuados
Diretor-Geral e Professor	Sr. BALENGANA VUBU Edgard	Licenciado em DECO
Secretário-Geral Académico	Sr. DIAMPASI SAMBA ZEBEDEE	Licenciatura em ciências comerciais e financeiro (estudante de doutoramento)
Secretário-Geral administrativo	Sr. KABOBO KINGOMA	Licencieen TI
Administrador orçamental	KOLA KITENGE MAMIE	Licencieen TI

N.B.: O grau equivalente para os secretários-gerais académicos e administrativos é o de chefe de divisão (CD), enquanto que para os diretores de escola é o de diretor.

111.1.4.4. Pessoal administrativo

a) Gabinete do Chefe do Executivo

1	Chefe de Gabinete	Miss Edith EWUME	C.B
2	Chefe de Gabinete Adjunto	Menina MAMIE MBIYE	C.B
3	Consultor jurídico	Sr. KONGA Bem-vindo	C.B
4	Conselheiro académico	Sr. BAYA DIAKILEKE Christian	C.B
5	Conselheiro social	Sr. NOËL BAIYA TSHILOMBO	C.B
6	Gestor de missão	Sr. Mignon BADJEKATE	C.B

b) O Gabinete do SGAC

7	Assistente do secretário-geral académico	KABONGO MWANDWE ABDON KARIM	C.B

c) O Gabinete do SGAD

8	Assistente do Secretário-Geral Administrativo	Menina Tristane MAKELA	C. B

d) O gabinete do administrador orçamental

9	Assistente de 1'AB	Miss Ruth SEMBO	C.B
10	Assistente desportivo	Sr. Mignon BADJEGATE	C.B
11	Intendente	Vagas	C.B

e) Capelães universitários

12	Católico Aumdnier	Sr. Abbe-Alain-Marie CIMANGA MABIKA	C. B
13	Aumdnier protestante	Reverendo Pastor NDUMBU	C. B
14	Aumdnier carismático	Reverendo Pastor BWANA MOYA SENDWE	C. B
15	Aumdnier muçulmano	Sr. NDANGANA	C. B

- Pessoal académico e científico

- Pessoal académico

1. Professor, BUGEME CHIRABA Jerome, Doutor em Sociologia ;
2. Professor MAYALA, Doutor em Sociologia e Antropologia
3. Professor ALEXIS BRUNO TSHIBALALA, Doutor em Filosofia
4. Professora MANYA OMALOWEE, Doutora em SPA
5. Professor ONGEMBE DAVID, Doutor em Filosofia
6. Professor NGWEYE MAPETO PAULIN GABIN, Doutor em Economia
7. Professor Associado, BUDJOKO IYOLO ACHILE, Doutor em Educação
8. Professora KAMONI MWANZA GABRIELLE, Doutora em Educação
9. Professor associado KITONDUA LUBANZADIO, Doutor em Informática
10. Professor Celestin NIKIANA, Doutor em Direito Ciências humanas e do ambiente.

11. Professor Joël MANSHIMBA, Doutor em Ciências Economia e Gestão.

- **Pessoal científico**
- **Encarregados**

Funções	**Nomes e pós-nomes**	**Estudos efectuados**
TC	Sr. MANGA BUANANDEKE Gerard	Licenciatura em Ciências Política e Administrativo
TC	Sr. DIAMPASI SAMBA ZEBEDEE	Licenciatura em Ciências Comuns e Finanças.
TC	KILAPI	Dispensa de assistência Social
TC	Sr. BAYA CHRISTIAN	Licencieen Computação, em Perito em criminalidade física e cibernética
TC	Robert KADIMA	Licenciatura em Gestão
TC	Sr. Jules TSHINYAMA TSHITOKO	Licenciatura em Informática Comercial
TC	Sr. Faustin KABUNDA	Licenciatura em Técnica de Secretariado e Gestão.
TC	Sr. Blaise BUATA	Licenciatura em Informática Comercial
TC	Sr. ALAMBI BONONO Pescador	Licenciatura em Informática Comercial
TC	Sr. Bathy OTSHINGA	Licenciatura em Marketing e Peritos Comunicação

- Assistentes de segundo mandato

N°	**Funções**	**Nomes e pós-nomes**	**Estudos efectuados**
1	ASS.	Papy MAWESI MUHUYA	Licencieen Marketing
2	ASS.	Horso MANZILA	Licencieen Filosofia e Assistência social
3	ASS.	FAMA YOUYOU	Licencieen Ciências
			Comercial e Administrativo
4	ASS.	Grace KANKU	Licenciatura emem

			Desenvolvimento Comunitário
5	ASS.	LANDU NATHAN Nathan	Licenciado emem informática
6	ASS.	Dairan	Licenciatura em Direito
7	ASS.	Yves BOSANGE BOKOMBA	Redundante em Marketing
8	ASS.	NGINDU MAGOMBO	Licenciado emem informática
9	ASS.	OMAR BONGOMBALA	Licenciado como PSO
10	ASS.	TUTALA DIMEMENE	Licenciatura emem relações internacionais
11	ASS.	LUEMBA PHILIPPE	Licenciatura emem relações internacionais
12	ASS.	BALDE DE MATE TOBOSO	Licenciatura emem economia
13	ASS.	BOLAKI MBOMBA	Licenciatura emem economia
14	ASS.	LEMBA NSIMBA	Engenheiro em agrícola

- Chefes de secção

1. MANGA BUANANDEKE Gerard, Assistência Social e Gestão dos Recursos Humanos
2. Fiston BENSENGE, Desenvolvimento Comunitário e Gestão da População
3. Sr. Bathy OTSHINGA, Gestão e Administração de Empresas
4. Sr. Bathy OTSHINGA, Marketing e Gestão de Empresas
5. Sr. TSHINYAMA TSHITOKO Jules, Diretor de Informática
6. Sr. Faustin KABUNDA, Secretário de Contabilidade e Gestão de Activos do Gabinete
7. Sr. Daniel KABOMBO, Departamento de Ciências da Saúde

- Encargos de exercício profissional

N°	Nomes e nomes posteriores	Funções	Grau
1	Assistente Fidele MABAYA	PPC	ATB1

2	MAURICE MAYAZOLA	Condutor	ATB2
3	Mignon BADJEGATE	Carga de correio	CB
4	WONDA	Sentinela	Oficial de justiça

Estes dependem diretamente do ISG, que tem uma dupla responsabilidade pelo ensino superior, pelas universidades e pela investigação científica.

III.2 Organigrama geral

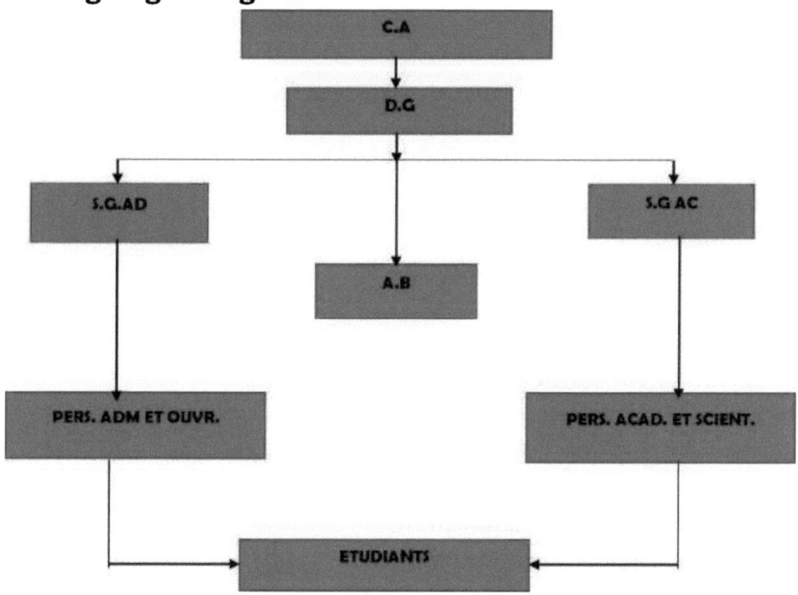

III .2.1. Descrições de funções

- **Conselho de Administração (**CBO**):** O CBO reúne-se em sessão extraordinária a pedido do Comité de Direção, no Instituto ou noutro local. É o mais alto órgão de direção do Instituto.
- **Diretor Geral (D.G.):** É o chefe da escola, com as seguintes prerrogativas: propor a nomeação dos membros do comité de gestão e a sua demissão. Propor ao Conselho Superior a nomeação ou a contratação de professores e supervisores, bem como a sua demissão.
- **Administrador orçamental (A.B):** É responsável pelas finanças, pela contabilidade diária do Instituto e pela informação do Diretor-Geral. Gere os cobradores de impostos,

os caixas, o contabilista e os auditores do Instituto.

- **Secretário-Geral Administrativo (S.G.AD):** Responsável pela administração. Assegura a manutenção diária dos documentos do Instituto. Trata da correspondência. Gere os bens do Instituto e o pessoal administrativo e manual.
- **Secretário-Geral Académico (S.G.AC):** Responsável pelo ensino, supervisiona a execução do programa dos cursos e outras actividades do instituto. Organiza conferências e seminários científicos em conformidade com o calendário académico.
- **Pessoal administrativo e manual:** são responsáveis pelas actividades técnicas.
- **Pessoal académico e científico:** responsável pelo ensino e pela investigação.
- **Estudantes:** Inscrevem-se para serem formados pelo pessoal docente e são obrigados a pagar as propinas fixadas pelas autoridades.

IV I.2.2. Análise, críticas e propostas de solução

IV.1.1.1. 1. Introdução

Nesta secção, analisaremos o sistema de informação do Hnstitut Superieur de Gestion de Kinshasa ISG-KIN. A ausência de uma plataforma web dificulta a comunicação entre o pessoal dos diferentes gabinetes.

Estudo das instalações existentes

O Institut Superieur de Gestion utiliza dois métodos de comunicação, um tradicional e outro moderno mas pouco profissional.

Além disso, mostraremos que o processo de gestão das propinas académicas continua a ser manual e, ao mesmo tempo, um passatempo.

O ISG organiza a gestão informática como uma das suas secções, mas não dispõe de um sistema de gestão informatizado capaz de gerir este processo.

Críticas ao sistema atual

No final do estudo de comunicação ou do estudo preliminar, deve ser feita uma crítica para mostrar a necessidade de informação da empresa. O resultado deste último foi :

Aspectos positivos

- Uma atmosfera de serenidade entre o pessoal do Instituto;
- Uma parceria perfeita;
- Ventilação, propriedade ambiental;
- Do ponto de vista informático, o GSI utiliza uma firewall informática que não está adaptada a vários serviços, como recomendado pelo sistema LMD e pela globalização.
- O sistema de comunicação é geralmente tradicional

Do lado negativo

- No que diz respeito ao fluxo de informação, este não funciona como deveria;
- Do ponto de vista crítico do organigrama, não há muito a dizer, porque os agentes comunicam entre si;
- Do ponto de vista informático, o instituto utiliza um sistema de comunicação boca-a-boca, que implica várias deslocações para fazer chegar a informação ao destinatário.
- No que se refere ao processo de gestão financeira, nada foi ainda digitalizado e não existe um sistema informático para a gestão das propinas dos estudantes. Estas são as causas da fraude no pagamento das propinas.
- A falta de uma biblioteca adaptada à capacidade da escola

IV.1.1.2. 2. Soluções propostas

Depois de criticar o sistema existente, propomo-nos examinar as soluções possíveis que nos permitirão melhorar o sistema em estudo.

A solução ideal, que permite simultaneamente responder às necessidades dos estudantes e do pessoal e contribuir para otimizar a gestão do Institut Superieur de Gestion, é a implementação da transformação digital.

Então, porque é que precisamos de numerar o Institut Superieur de
Gestão de Kinshasa?

Todos os anos, os novos estudantes entram na universidade ou nas grandes écoles com uma enorme expetativa: viver uma experiência inesquecível, tanto a nível académico como social. Quer sejam bolseiros, paguem as suas próprias propinas ou evitem o custo anual, por vezes exorbitante, de uma escola, esperam o melhor nível de ensino possível. Neste contexto, os estudantes tornam-se verdadeiros "**clientes**": um estudante insatisfeito corre o risco de fazer com que a instituição perca outros estudantes e tenha um impacto negativo na sua reputação e, por conseguinte, nas suas receitas.

As novas gerações de estudantes que chegam aos bancos das universidades e das grandes escolas têm uma coisa em comum: foram embaladas pelas tecnologias digitais. Estes "nativos digitais" ou "millenials" não conseguem imaginar, nem por um segundo, que as instituições não se estejam a adaptar aos seus usos e comportamentos. Para que não desistam antes de terminarem o curso, os estabelecimentos de ensino não têm outra hipótese: têm de ser também digitais.

Com o aumento dos dispositivos móveis (computadores portáteis e tablets), os estudantes esperam que todos os recursos de que necessitam estejam acessíveis em linha e possam ser descarregados, no dispositivo da sua escolha, quando e onde quer que estejam. Querem poder guardar todos os materiais do curso no seu dispositivo, aliviando assim tanto as suas mochilas como os seus horários, que são libertados de constrangimentos entediantes para que se possam concentrar na razão pela qual estão aqui: a aprendizagem e a formação. As consequências para as escolas são imediatas: imagem de marca positiva, melhoria dos lucros com o aumento das inscrições e consequentes ganhos de reputação e de rendimento.

Por conseguinte, é essencial, tal como no mundo profissional, oferecer-lhes um espaço acessível onde possam fazer cópias de segurança dos seus documentos e guardá-los com toda a segurança. Porque, sem uma solução de armazenamento viável, têm tendência a recorrer aos seus próprios meios e, por conseguinte, a utilizar a nuvem pública, cujas funções de partilha e colaboração conhecem bem.

Com os dados acessíveis em qualquer lugar, a qualquer momento e através do terminal da sua escolha, o armazenamento na nuvem responde às necessidades dos estilos de vida flexíveis dos estudantes, libertando-os da responsabilidade de armazenar o seu trabalho. Tal como na sua vida pessoal, podem estar sempre ligados de forma fiável, quer estejam a pesquisar na Internet, a colaborar num projeto na nuvem ou a transmitir uma aula. Tudo isto com base num sistema seguro e fiável que mantém a total confidencialidade dos dados da escola e é suficientemente potente para garantir um serviço contínuo.

CAPÍTULO IV

REDES INFORMÁTICAS E INTERNET

V V.1 Definições

Uma rede, no sentido geral da palavra, é um conjunto de objectos ou pessoas interligados entre si, permitindo a circulação de elementos entre eles de acordo com regras bem definidas (protocolos).

Uma rede informática é um conjunto de computadores e terminais interligados para trocar informações digitais, utilizando linhas físicas (cabo, fibra ótica, etc.) ou ondas hertzianas para trocar dados digitais.

Se a ligação for uma ligação física (cabo, fibra ótica, etc.), é designada por rede fixa.

S Se a ligação tiver a forma de ondas hertzianas, é designada por rede sem fios.

A ligação em rede é a utilização de ferramentas e tarefas para ligar computadores de modo a que estes possam partilhar recursos.

Os vários componentes de uma rede podem ser ligados através de ligações permanentes, como cabos, mas também através de redes públicas de telecomunicações, como a rede telefónica.

As dimensões destas redes variam muito, desde redes locais que ligam alguns elementos num único edifício, até grupos de computadores instalados numa grande área geográfica.

As redes informáticas permitem que os utilizadores comuniquem entre si e transfiram informações. Estas transmissões de dados podem envolver a troca de mensagens entre utilizadores, o acesso remoto a bases de dados ou a partilha de ficheiros.

VI .2. Topologias de rede

Uma topologia é a forma como uma rede é cablada. A topologia de uma rede informática é escolhida em função do ambiente, da arquitetura (edifícios, etc.) e das necessidades de débito técnico da empresa.

Existem 3 topologias principais no mundo das redes por cabo: topologias em barramento, em estrela e em anel.

VII2.1. Topologia do barramento

Numa topologia de BUS, todos os nós da rede estão ligados

entre si numa cadeia. Em cada extremidade do BUS, é colocada uma ficha de terminação, o que significa que a rede está terminada.

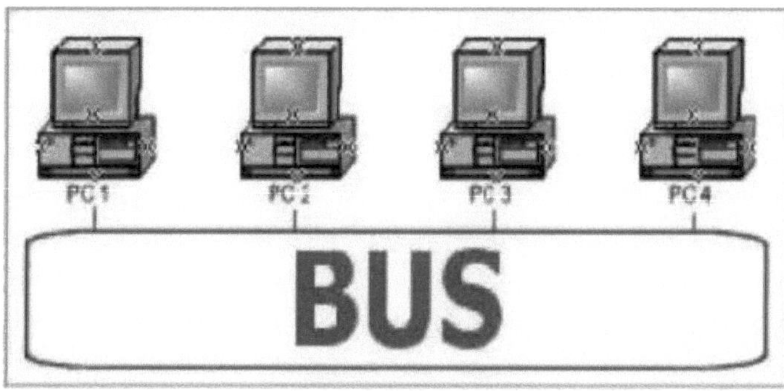

Fig.IV1: Topologia de barramento.

Uma única estação transmite no bus. Quando esta estação transmite, o quadro viaja ao longo de todo o bus até chegar ao destinatário. O grande problema dessa topologia é que, se um dos nós for "temporariamente" desconectado da rede, toda a rede cai.

IV.2.2. Topologia em anel

As estações da rede só podem comunicar quando têm o token. O token é intercetado pela estação que deseja enviar ou receber quadros.

Uma única estação pode fazer "causa" no mesmo período de tempo.

Na FDDI, existe um segundo loop de backup para o caso de o primeiro loop ficar temporariamente inutilizável.

Existem duas tecnologias principais que utilizam este sistema. O Token Ring da IBM, a sua evolução HSTR (High Speed Token Ring) e o FDDI (Fiber Distributed Data Interface).

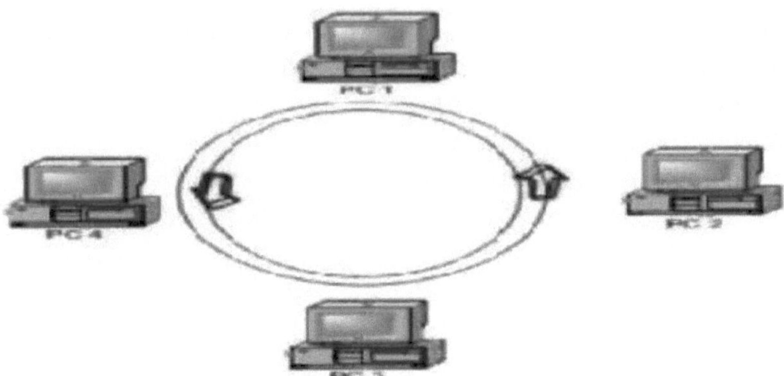

Fig.IV.2: Topologia em anel.

IV.2.3. Topologia em estrela

O sistema depende de uma peça central de equipamento (o concentrador ou hub) para dirigir todas as ligações. Se o concentrador falhar, a rede fica indisponível. Por outro lado, uma estação pode ser removida sem que toda a rede fique em baixo.

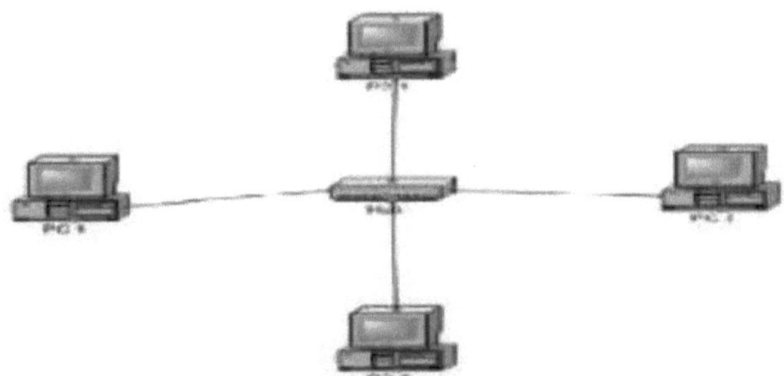

Fig.IV.3: Topologia em estrela.

IV.3. CLASSIFICAÇÃO DAS REDES INFORMÁTICAS

A classificação por extensão da cobertura geográfica é frequentemente utilizada, embora não de forma estrita.

São classificadas em função da sua dimensão ou da distância entre os seus nós e dos seus modos de transmissão. Existem redes pequenas (PAN), redes médias (LAN), redes grandes (MAN) e redes muito grandes (RAN, WAN), chegando mesmo a cobrir o mundo inteiro, como a Internet.

IV.3.1. Redes de Área Pessoal (PAN)

PAN, acrónimo de Personal Area Network (rede de área pessoal), refere-se a uma rede restrita de equipamentos informáticos normalmente utilizados para fins pessoais, interligando equipamentos pessoais como terminais GSM, computadores portáteis, agendas, etc., do mesmo utilizador, a uma distância de alguns metros.

IV.3.2. Redes locais (LAN)

Uma *rede* local, frequentemente designada pelo acrónimo LAN, corresponde, em termos de dimensão, a uma rede intra-empresa. É utilizada para transportar toda a informação digital da empresa. De um modo geral, os edifícios a cabear estendem-se por várias centenas de metros.

As velocidades destas redes variam atualmente entre alguns megabits e várias centenas de megabits por segundo.

Uma rede numa escala geográfica relativamente pequena, por exemplo, uma sala de computadores, uma casa particular, um edifício ou as instalações de uma empresa.

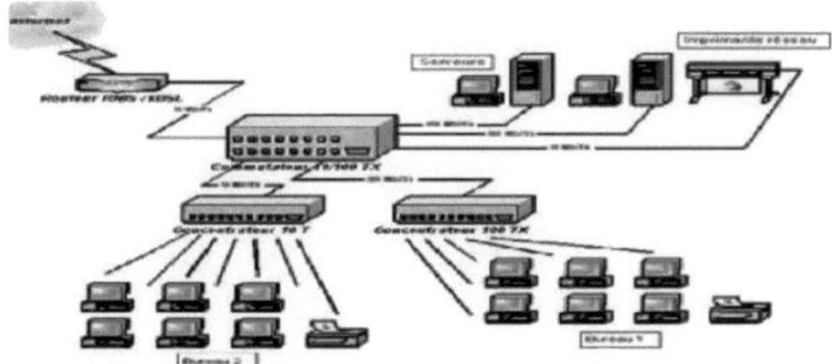

Fig.IV.4: Rede local

No caso de uma rede empresarial, também utilizamos o termo LAN para rede local empresarial.

Sniffers de pacotes e analisadores de quadros: o tcpdump o Wireshark (anteriormente Ethereal) o PRTG

Ecrã

Nas redes informáticas, um quadro é um bloco de informação transportado através de um meio físico (cobre, fibra ótica, etc.) e situa-se no nível 2 do modelo OSI.

A caraterística de um quadro é o facto de ser possível reconhecer o seu início e o seu fim (graças a uma série específica de bits denominada flag ou preâmbulo).

Um frame é composto por um cabeçalho, a informação que se pretende transmitir, e um *trailer.* Um pacote (no caso do IP, por exemplo) não pode transitar diretamente por uma rede: é encapsulado dentro de um quadro.

IV.3.3. Redes metropolitanas

Uma *rede de área metropolitana* (MAN) é uma rede de computadores normalmente utilizada em campus ou em cidades. A rede utiliza geralmente fibra ótica.

Por exemplo, uma universidade ou colégio pode ter uma MAN que ligue várias redes locais localizadas numa área de 1 km2. Depois, a partir das MANs, podem ter várias WANs que as ligam a outras universidades ou à Internet.

Da mesma forma que uma WAN, uma MAN pode ser a *"espinha dorsal"* de uma rede.

Intranet.

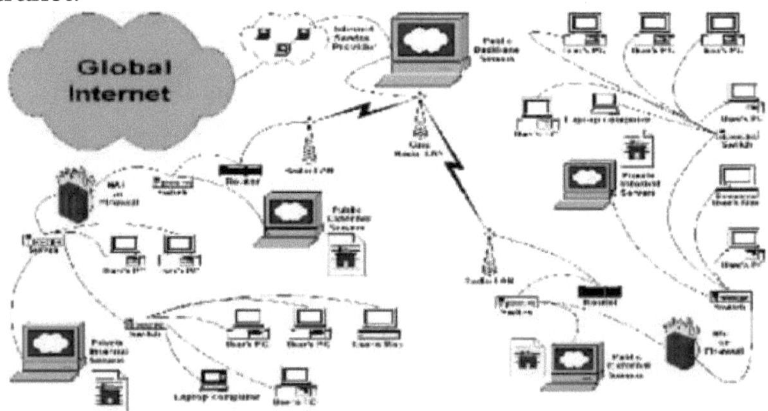

Fig.IV.5: A rede metropolitana

IV.3.4. Redes alargadas

Uma *rede de* área alargada (WAN) é uma rede informática que cobre uma grande área geográfica, normalmente um país, um continente ou mesmo todo o planeta. A maior WAN é a Internet.

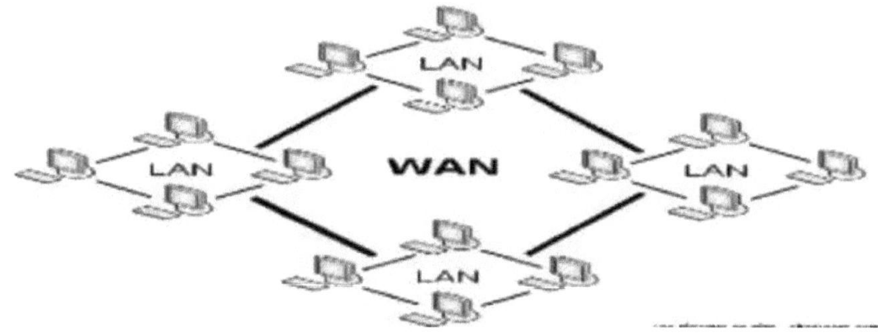

Fig.IV.6 : A rede alargada

IV.3.5. Outras redes

a. **Rede de Área de Armazenamento (SAN)**

Em informática, uma rede de *área de* armazenamento (SAN) é uma rede especializada para reunir recursos de armazenamento.

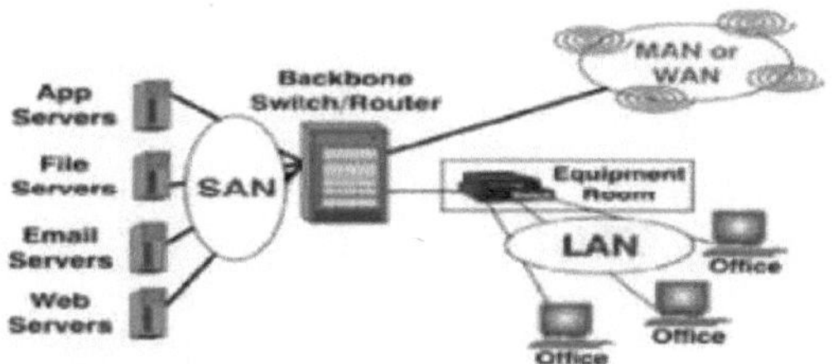

Fig.7 : A rede SAN

b. Intranet

A intranet é uma rede informática utilizada no interior de uma empresa ou de qualquer outra entidade organizacional que utiliza as técnicas de comunicação da Internet (IP, servidores HTTP). Nas grandes empresas, a intranet está sujeita a uma governação especial

especial devido ao seu carácter generalizado em toda a organização. Os principais domínios de *desenvolvimento da intranet* empresarial são :

S Acessibilidade dos conteúdos e serviços; v' Integração dos recursos;

S Racionalização das infra-estruturas.

IV.5. O modelo de referência OSI (Open Systems Interconnection)

-* Um modelo baseado num princípio enunciado por Júlio César: "Dividir para conquistar".

H) O princípio básico consiste em descrever as redes sob a forma de um conjunto de camadas sobrepostas.

H) O estudo do todo é reduzido ao das suas partes, e o todo torna-se mais fácil de manipular.

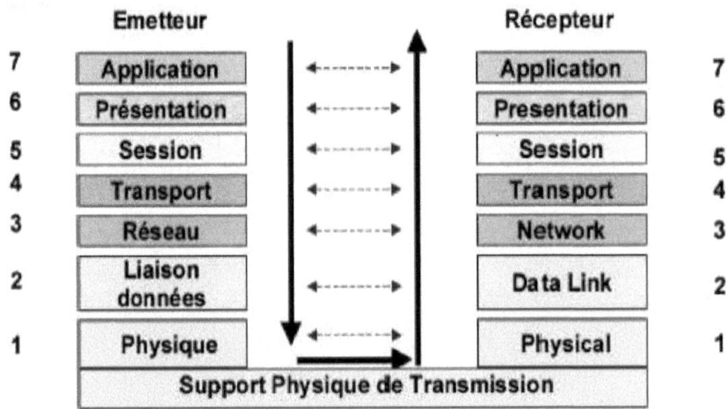

Fig.IV.8: O modelo OSI

Nível 1. A camada física

Suporte físico + camada física

A norma ISO 10022 ou a recomendação ITU X.211 define o serviço que deve ser prestado.

Fornece os meios mecânicos, eléctricos e funcionais para manter e desativar as ligações físicas utilizadas para retransmitir elementos binários entre entidades de ligação.

Transmissão de bits num circuito de comunicação

Os elementos da camada física :

> Apoio físico

> Codificadores, moduladores

> Multiplexadores, concentradores

A conceção da camada física pode realmente ser considerada como sendo do domínio do engenheiro eletrónico.

Nível 2. A camada de ligação de dados

Utiliza a camada física

Gestão de ligações de dados

> Dados do transmissor em quadros de dados,

> Transmissão de fotogramas em sequência,

> Reconhecimento dos limites dos quadros enviados pela camada física

Deteção e recuperação de erros

> Regulamentação do tráfego,

> Gestão de erros,

Procedimento de transmissão (HDLC, LLC, DSC, etc.)

A norma ISO 8886 ou a recomendação ITU X.212 define o serviço fornecido pelo nível 2.

Nível 3. A camada de rede

Determina as rotas de transporte e trata do processamento e da transferência de mensagens: gere o IP e o ICMP.

Nível 4 Camada de transporte.

Existem várias classes de transporte em função da qualidade das camadas anteriores. Quanto mais completas forem as camadas inferiores, menos trabalho terá a camada de transporte, e vice-versa. Tratamos do controlo do fluxo, da recuperação de erros e da reordenação dos pacotes. Temos o TCP (INTERNET transport) que é um exemplo, embora tenha sido desenvolvido independentemente da normalização ISO.

Nível 5 Camada de sessão

Veremos com o TCP/IP que apenas são vistas 4 camadas em vez das 7 do modelo. Na sessão, negociamos o estabelecimento da ligação com o sítio remoto, abrimos e fechamos sessões com sítios remotos. São definidos pontos de ressincronização (para reiniciar em caso de problema num ponto específico).

Nível 6 Camada de apresentação

Trata da formatação dos dados, uma linguagem de sistema para harmonizar os vários serviços. De certa forma, são os pontos de entrada para o sistema operativo.

Nível 7 Camada de aplicação

Gere a transferência de informações entre programas. Todas as aplicações de rede, mensagens, transferência de ficheiros, etc.
O equipamento de encaminhamento apenas implementa os três primeiros níveis. Apenas os computadores de origem e de destino implementam os 7 níveis.

IV.6. Segurança

A segurança é uma função essencial das redes. Uma vez que não se pode ver diretamente o correspondente, é necessário autenticá-lo. Uma vez que não sabemos por onde passam os dados, é necessário encriptá-los. Como não sabemos se alguém vai modificar a informação enviada, precisamos de verificar a sua integridade. Poderíamos acrescentar uma longa lista de pedidos semelhantes que precisam de ser tratados pelas redes.
Em termos gerais, a segurança pode ser dividida em duas partes: segurança na abertura da sessão e segurança durante o transporte da informação. As técnicas para alcançar estas duas formas de segurança são extremamente diversificadas e todos os dias são inventadas novas técnicas. Da mesma forma, com cada ataque bem sucedido, os piratas informáticos dão um passo em frente para contornar as defesas. Este jogo de perseguição não é suscetível de facilitar a apresentação dos mecanismos de segurança.
A segurança do transporte de informações é uma preocupação fundamental no domínio das redes. Durante muitos anos, a segurança de um equipamento exigia um isolamento total do ambiente externo, não sendo possível qualquer comunicação com uma máquina externa. Atualmente, esta situação é ainda muito frequente.
Foram definidos três conceitos principais:
Funções de segurança, que são determinadas por acções que podem comprometer a segurança de um estabelecimento.
Mecanismos de segurança, que definem os algoritmos a utilizar.
Serviços de segurança, que representam software e hardware que implementam mecanismos para fornecer aos utilizadores as funções de segurança de que necessitam.
Foram definidos cinco tipos de serviços de segurança:
Confidencialidade, para proteger os dados contra ataques não

autorizados.
Autenticação, para garantir que a pessoa que inicia a sessão é efetivamente a pessoa cujo nome é indicado.
Integridade, que garante que os dados recebidos são exatamente os emitidos pelo emissor autorizado.
Não repúdio, que garante que uma mensagem foi enviada por uma fonte especificada e recebida por um recetor especificado.
Controlo de acesso, cuja função é impedir o acesso a recursos em condições definidas e por utilizadores especificados.

IV.7. Inteligência nas redes

Inteligência é um termo clássico em computação, referindo-se simplesmente à capacidade de comunicar, raciocinar e decidir. Até ao início dos anos 2000, a inteligência nas redes era muito reduzida. Os conceitos de redes inteligentes, que datam do início dos anos 90, introduzem a inteligência primária, cujo papel é adaptar automaticamente os componentes da rede aos pedidos dos utilizadores, mas sem raciocínio e apenas seguindo regras predefinidas.

Até há pouco tempo, as informações eram transmitidas oralmente ou por escrito, principalmente por telefone, telex e fax.

Atualmente, a utilização de redes especializadas permite o encaminhamento de todo o tipo de suportes de informação: som, dados informáticos, imagens, vídeo, etc. Entrámos na era das comunicações de aplicações multimédia, que representam uma ponte entre as telecomunicações e a informática, dois domínios cujas fronteiras formais continuam a ser pouco nítidas.

A complexidade destas redes e das suas aplicações não pára de crescer e é essencial dispor do suporte adequado para controlar e gerir estes ambientes.

É com este objetivo que a inteligência entra em força nas redes. Este capítulo examina os elementos capazes de trazer esse domínio para as redes.

Vários domínios de administração específicos já utilizam componentes inteligentes, incluindo os seguintes:

S Configuração (gestão da configuração) ;
S Segurança (gestão da segurança) ;

S Gestão de avarias ;
S Auditoria de desempenho (gestão do desempenho) ;
S Contabilidade (gestão contabilística).

Inteligência artificial significa colocar-se no lugar de um ser humano para realizar uma tarefa.

A expressão "redes inteligentes" refere-se a uma outra categoria de redes, ou seja, redes que podem adaptar-se muito simplesmente à introdução de um novo serviço.

Estas redes são completamente diferentes das que incorporam agentes inteligentes.

As arquitecturas de rede desenvolvidas até à data apenas podem suportar serviços simples, que requerem uma única aplicação, como serviços de correio eletrónico, transferência de ficheiros, processamento de transacções, etc. As arquitecturas de rede desenvolvidas até à data apenas podem suportar serviços simples, que requerem uma única aplicação, como serviços de correio eletrónico, transferência de ficheiros, processamento de transacções, etc.

É possível combinar várias aplicações para criar um novo serviço, utilizando a arquitetura criada na camada de aplicação. Por exemplo, um documento EDI (Electronic Data Interchange) pode ser transportado numa mensagem eletrónica.

A complexidade da gestão e controlo do equipamento de rede aumenta enormemente quando se vai para além da rede e se integram aplicações.

Os utilizadores querem ter uma visão global do serviço que solicitam, desde o seu funcionamento até ao seu custo, incluindo questões de segurança e de qualidade do serviço.

O mais simples para os utilizadores seria poderem definir exatamente o que pretendem da rede. O papel da rede inteligente é precisamente o de ser capaz de se adaptar à procura dos utilizadores.

As redes inteligentes foram um dos grandes projectos da década de 90 para o mundo das telecomunicações. Embora a maior parte dos operadores esteja a utilizar conceitos de redes inteligentes, não se verificou a enorme mudança esperada, que deveria ter permeado todos os produtos de rede do mundo das telecomunicações.

Este fracasso relativo resulta de uma evolução demasiado rápida das telecomunicações e da adoção do mundo IP para as futuras redes de telecomunicações.

O conceito de rede inteligente foi parcialmente adotado no mundo das aplicações das redes Internet, numa tentativa de adaptar o modo de transporte da Internet às aplicações.

Protocolos como o SOAP (Simple Object Access Protocol) podem ser vistos como linguagens informáticas destinadas a criar uma rede Internet inteligente.

A evolução natural das redes inteligentes é para redes autónomas.

Estes são capazes de se configurar a si próprios e de substituir os sistemas convencionais, que dependem frequentemente de um centro de controlo ou de algoritmos distribuídos particularmente complexos.

IV.8. Internet

As redes inteligentes foram um dos grandes projectos da década de 90 para o mundo das telecomunicações. Embora a maior parte dos operadores esteja a utilizar conceitos de redes inteligentes, não se verificou a enorme mudança esperada, que deveria ter permeado todos os produtos de rede no mundo das telecomunicações.

Este fracasso relativo resulta de uma evolução demasiado rápida das telecomunicações e da adoção do mundo IP para as futuras redes de telecomunicações.

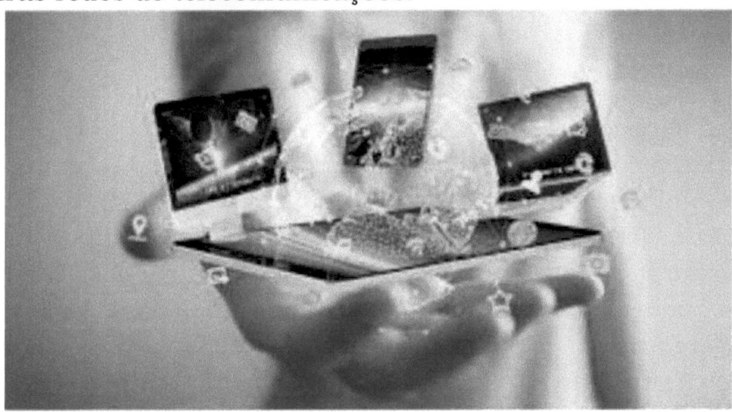

O conceito de rede inteligente foi parcialmente adotado no mundo das aplicações das redes Internet, numa tentativa de adaptar o modo de transporte da Internet às aplicações.
Protocolos como o SOAP (Simple Object Access Protocol) podem ser vistos como linguagens informáticas destinadas a criar uma rede Internet inteligente.
A evolução natural das redes inteligentes é para redes autónomas. Estas são capazes de se configurar a si próprias e de tomar o lugar dos sistemas convencionais, que dependem frequentemente de um centro de controlo ou de algoritmos distribuídos particularmente complexos.
[3]Para os meios de comunicação social e o público em geral, a World Wide Web (WWW, ou W) e a Internet são a mesma coisa. A WWW é um dos serviços mais utilizados na Internet. É constituída por sítios.
Além disso, as empresas são tentadas a criar uma rede Internet, Intranet, e a instalar servidores Web.

Os três serviços básicos :
Transferência de ficheiros: a Internet é utilizada como uma vasta biblioteca distribuída por todo o planeta. Considerada como uma biblioteca de ficheiros de todos os tipos e, em particular, de programas informáticos, disponibilizados a todos, onde quer que se encontrem, graças ao serviço de transferência de ficheiros ftp (File Transfer Protocol). Este serviço é utilizado em ambientes académicos e de investigação.
Ligação a um computador remoto: a ligação a computadores remotos é muito utilizada no mundo científico. Os comandos

rlogin (remote login) ou telnet existem desde o início da rede e permitem trabalhar em modo distribuído, ou seja, é possível utilizar os recursos disponíveis no computador remoto, como a capacidade de cálculo e as bases de dados.
Email, correio eletrónico: O serviço de correio eletrónico permite a troca de mensagens com milhões de pessoas em todo o mundo, 1 endereço IP da máquina que gere o serviço de correio.
A Internet era inicialmente uma rede de infra-estruturas de comunicação. O seu desenvolvimento conduziu a uma explosão de ferramentas associadas (servidores, browsers, software especializado, terminais móveis, aplicações, etc.) e gerou novas práticas sociais.
Ao fazê-lo, dá origem simultaneamente a um grande espaço económico e a um espaço mental, bem como a uma produção ideológica em grande escala sobre a rede e as suas utilizações. É a este conjunto, entre a produção de novos artefactos que codificam a informação em binário e a ideologia que acompanha este novo domínio, que chamamos o "digital".
Neste domínio, passámos do adjetivo ao substantivo, indicando a preponderância do discurso em torno das tecnologias do empregado sobre a forma técnica dos dispositivos em causa. Enquanto a nossa vida e a nossa relação com o mundo se baseiam em canais analógicos (os cinco sentidos), a transmissão, a reprodução e a interação à distância passaram a ser codificadas principalmente em binário.
A força do termo "digital" reside no facto de evitar o termo "cálculo". Precisamos de calcular para codificar em binário as informações recolhidas quer a partir de indivíduos (textos, imagens, vídeos, etc.) quer diretamente a partir de sensores cada vez mais associados ao nosso ambiente, tanto pessoal (geolocalização) como urbano (a "cidade inteligente" e o seu conjunto de informações captadas nos locais públicos: poluição, presença, tempos de deslocação, etc.).
A computação é também necessária para tornar esta informação novamente disponível para os sentidos dos indivíduos envolvidos nas comunicações digitais. Este duplo fenómeno computacional significa que podem ser criados

muitos pontos de bloqueio ou de derivação. A fábrica do conhecimento digital é um mundo invisível, do qual só os projectistas têm as chaves. É o caso dos sistemas DRM (Digital Rights Management), que exigem que a ferramenta de descodificação disponha de uma chave digital, cuja ausência torna um documento digital inutilizável. O mesmo se passa com a interceção de mensagens e o seu desvio para poderes informáticos que extrairão perfis, relações e sinais que permitirão orientar melhor os indivíduos em função de interesses comerciais (publicidade e perfis comerciais) ou estratégicos (vigilância em massa, cuja existência e métodos Edward Snowden tornou tangíveis).

No centro deste cálculo estão os algoritmos, processos matemáticos, mas também a inscrição no código informático de raciocínios humanos, com todos os preconceitos e pressupostos que isso implica. Podemos assim falar de uma "política dos algoritmos" para descrever tudo o que desaparece dos olhos dos actores em interação *através das* redes digitais.

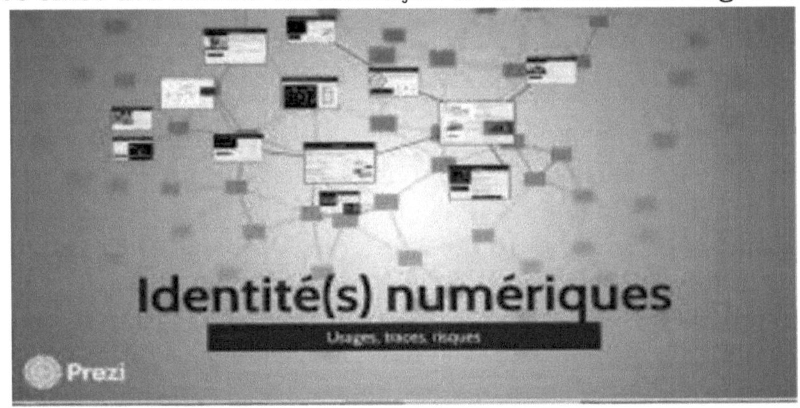

CAPÍTULO V

MODELAÇÃO DO PROBLEMA DAS BIBLIOTECAS DIGITAIS

Neste capítulo, centramo-nos no comportamento real dos utilizadores de bibliotecas digitais, nas suas expectativas e nas suas percepções, defendendo a seguinte ideia: o utilizador e as suas caraterísticas devem ser tidos em conta na conceção de uma biblioteca digital. Neste sentido, defendemos uma abordagem centrada no utilizador, por oposição à abordagem tecno-centrada que se verifica com demasiada frequência.

V.1 Biblioteca centrada no utilizador

<< Se o construirmos, eles virão ", parece ser este o leitmotiv de muitos criadores de bibliotecas digitais e decisores políticos: " se o construirmos, eles virão ". O pronome "eles" refere-se aos utilizadores, enquanto "nós" se refere aos criadores.

Temos de compreender melhor as necessidades e o comportamento dos utilizadores se quisermos criar uma biblioteca que seja relevante, útil e utilizável por esses mesmos utilizadores.

V .2. Falsas crenças

Há crenças entre designers e/ou utilizadores que descreveríamos como falsas porque estão erradas. Estas crenças dizem respeito às novas tecnologias, e à Internet em particular, e algumas delas são largamente sustentadas pelo discurso mediático dominante.

Falsa crença 1: <<os utilizadores estão cada vez mais aptos a manusear e a dominar as novas tecnologias". Não devemos confundir a facilidade com que os utilizadores manuseiam os periféricos e/ou certos objectos técnicos (como os telecomandos ou *os joysticks*) com a facilidade com que manuseiam os fluxos de informação veiculados por esses periféricos ou objectos técnicos. Podemos, portanto, distinguir dois tipos de conhecimentos processuais que devem ser adquiridos e desenvolvidos: os conhecimentos processuais ligados ao manuseamento dos periféricos e os conhecimentos processuais ligados ao processo. No entanto, existe um grande risco de acreditar que os utilizadores "compreendem tudo o que se passa por detrás do ecrã", porque manipulam o teclado e o

rato sem medo e não hesitam em "lançar-se na Web".

Além disso, há dois pontos importantes a salientar: em primeiro lugar, nem todos os utilizadores da biblioteca digital gostam de computadores; em segundo lugar, de um ponto de vista puramente manipulativo, a utilização de computadores pode ser difícil para algumas pessoas.

Falsa crença 2: "todos os jovens adoram os computadores e a Internet". Alguns jovens utilizadores têm desconfiança, por vezes medo ou mesmo ansiedade em relação aos computadores. De facto, é errado pensar que só porque um utilizador é jovem, gosta de computadores! Além disso, nos últimos anos, um número crescente de estudos tem-se debruçado sobre esta ansiedade informática, que pode persistir em adultos que se recusam categoricamente a utilizar as novas tecnologias.

Falsa crença 3: "quantidade = qualidade da informação". Quando se pede aos utilizadores que procurem informação na Internet ou em qualquer outro ambiente documental digital, não é raro que alguns regressem com "pacotes" de informação ou listas de impressões de páginas da Internet e/ou de referências documentais. Estes utilizadores (estudantes) parecem estar empenhados numa estratégia quantitativa em detrimento de uma estratégia qualitativa, que exige a leitura, a compreensão e a avaliação da pertinência das informações ou referências selecionadas.

Falsa crença 4: "Posso passar sem o especialista e ser autónomo". A facilidade de acesso aos computadores e aos seus conteúdos leva alguns utilizadores a acreditar que o especialista (professor, bibliotecário, bibliotecário, etc.) não lhes serve para nada.

Falsa crença 5: "ferramenta = processo". A pesquisa de informação e/ou de documentos é, antes de mais, um processo intelectual. No entanto, para alguns utilizadores, existe uma confusão entre o processo de procura de informação e as ferramentas que podem ser utilizadas para procurar informação. Por exemplo, quando perguntamos aos jovens utilizadores (estudantes) se sabem procurar informação na Internet, muitos respondem "sim, porque sei usar o Google".

No entanto, muitas das etapas envolvidas na pesquisa de informações e/ou documentos (por exemplo, escolha de palavras-chave, seleção de fontes de informação) podem ser realizadas independentemente da presença de ferramentas informáticas. Embora seja necessário ter consciência de que estas crenças são erróneas, não é suficiente garantir que o comportamento real dos utilizadores seja corretamente compreendido. As suas expectativas e necessidades reais devem ser identificadas antes de a nossa biblioteca digital ser concebida.

V .3. Expectativas dos utilizadores

Depois de entrevistar vários estudantes da Faculdade de Ciências, descobrimos que as três principais expectativas dos utilizadores da nossa biblioteca digital são as seguintes

S O conteúdo deve ser facilmente acessível e não exigir quaisquer competências técnicas ou documentais específicas;

S Uma biblioteca digital deve oferecer os mesmos serviços que uma biblioteca tradicional, como a apresentação das últimas aquisições, a gestão do empréstimo de livros, etc. ;

J Uma biblioteca digital deve ser concebida de forma a que o utilizador encontre as suas "marcas", como por exemplo obter ajuda dos funcionários.

V .3.1. Funcionalidade

J Os utilizadores devem ser capazes de filtrar e/ou organizar e/ou classificar os resultados oferecidos pelo motor de busca interno da biblioteca digital;

J O conteúdo, ou pelo menos parte do conteúdo, deve ser descarregável;

J Deve estar sempre disponível um historial pessoal para que cada

Os utilizadores podem armazenar as suas pesquisas e resultados relacionados para que possam ser recuperados para utilização futura;

J Os sistemas devem permitir e apoiar a pesquisa de informação em colaboração (por exemplo, partilhando "cestos" entre vários utilizadores).

V .3.2. A nível da interface e da facilidade de utilização

J O formato de apresentação dos resultados (referências e/ou documentos) deve ser idêntico e coerente;

J Os resultados da pesquisa devem caber numa única página;

V .3.3. Conteúdo

- uma biblioteca digital deve conter todos os formatos (vídeos, imagens, som, etc.);
- uma biblioteca digital deve facilitar a passagem para outras bibliotecas digitais.

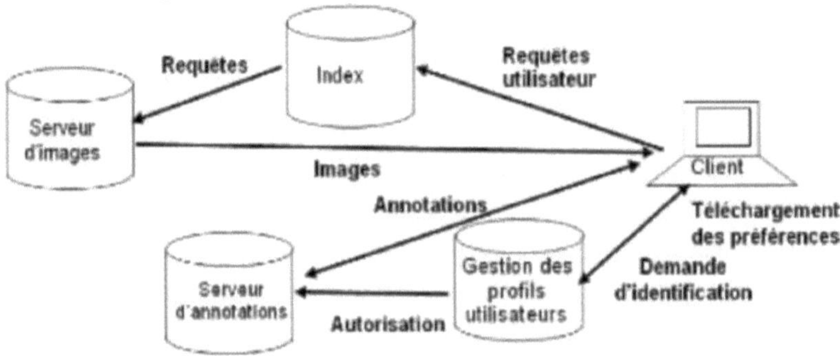

Fig.V.1. esquema clássico de gestão de uma biblioteca digital com a base de dados

Especificações V.4

Queremos criar uma biblioteca virtual. Dois tipos de utilizadores poderão aceder ao sítio. O primeiro é o utilizador da Internet que procura um livro (o cliente), que deseja consultar um livro a partir do seu navegador de Internet. O segundo tipo é o administrador do sítio, que gere a página de descarregamento em linha a partir do seu navegador Web.

Elaborámos uma lista de requisitos para cada um destes tipos de utilizadores.

> . Requisitos do cliente

> Os clientes podem aceder à biblioteca em linha utilizando um browser que cumpra a norma HTML 4 ou superior.

> O cliente pode pesquisar e selecionar livros de forma anónima, mas deve identificar-se ou preencher um formulário de registo assim que validar a lista de itens escolhidos, para poder descarregar. Para tal, os dados geridos durante a sessão (cesto virtual ou carrinho de compras) garantem que os artigos

selecionados pelo cliente são memorizados antes da confirmação do descarregamento. No entanto, assim que o cliente confirma o download, todas as informações necessárias para a entrega são registadas na base de dados do servidor.

> Os clientes procuram um item selecionando um tema ou introduzindo o nome (ou parte do nome) de uma obra num campo de pesquisa do catálogo. O resultado da pesquisa é apresentado sob a forma de uma lista de informações sucintas (referência, autor, etc.) e o cliente pode consultar o registo de cada item clicando simplesmente na referência do livro pretendido. O registo de um livro contém todas as informações sobre o livro (referência, título, autor, descrição, foto da capa). Se desejar, o cliente pode acrescentar o artigo ao seu cesto virtual clicando numa ligação especial de hipertexto no ficheiro do artigo.

> O cliente pode alterar a quantidade desejada de cada artigo selecionado e, eventualmente, eliminar alguns deles do ecrã do cesto virtual. No entanto, já não pode alterar o seu descarregamento depois de este ter sido validado.

> Depois de iniciar novamente a sessão, o cliente segue o estado da sua transferência, que pode assumir dois valores: *Em espera*, para as encomendas válidas mas que aguardam ligação, e *Entregue*, para as encomendas que foram enviadas ao cliente.

+ Requisitos do administrador

> O administrador gere o sítio a partir do seu navegador Web.

> O administrador deve identificar-se para aceder ao seu espaço de administração em linha, sendo configurado um único par login/palavra-passe para o efeito.

> O administrador pode eliminar contas de clientes e modificar as suas informações.

> O administrador adiciona, elimina ou modifica itens no catálogo.

V.5. Armazenamento de informações

a. Conceção do sistema de identificação do utilizador

Ao chegar à biblioteca virtual, o utilizador é identificado anonimamente pelo sistema integrado de gestão de sessões do PHP. Este identificador de sessão anónimo segue o utilizador

durante toda a sua visita ao sítio. Se o utilizador for um cliente, a sua sessão permite-lhe inicialmente recordar os artigos adicionados ao seu cesto virtual (ver quadro 2 abaixo).
Quando a encomenda é validada, o cliente declara a sua identidade, introduzindo o seu endereço de correio eletrónico e a sua palavra-passe, ou cria uma conta de cliente, se ainda não tiver uma. Uma vez validada a conta do cliente, o seu correio eletrónico ($_SESSION ['email']) e o seu estatuto ($_SESSION ['status'], neste caso igual a cliente) são acrescentados aos dados do cesto virtual da sessão (ver quadro V.1).
Note-se que, durante esta fase, as informações sobre a encomenda e os dados de contacto do utilizador são guardados na base de dados do servidor, para que possam ser recuperados numa visita futura. Se o utilizador for um administrador, a sua sessão apenas recorda o seu endereço eletrónico e o seu estatuto quando entra no formulário de identificação. Ao recordar o seu estatuto de administrador, o utilizador pode aceder a todas as páginas da área de administrador, sem ter de iniciar sessão quando passa de uma página para outra.

Tabela V.1: Variáveis de sessão utilizadas para identificar um utilizador

Variáveis de sessão dedicada a identificação	Descrição	Exemplos
$_SESSÃO	Endereço de correio eletrónico do utilizador	mushila@unikin.cd
['email']	(cliente ou Diretor)	
$_SESSION ['status']	Estado do utilizador, que é definido como cliente ou administrador, dependendo do perfil de utilizador.	cliente

b. Conceber o cesto de compras virtual

Como dissemos anteriormente, as informações relativas aos

artigos selecionados pelo utilizador são armazenadas em variáveis de sessão. Utilizamos uma variável de matriz ($list I]) para armazenar todas as informações da lista do cesto virtual. Esta primeira matriz contém tantas variáveis de matriz quantos os itens a reter (Ix] representa o identificador de cada item). Cada matriz de itens armazena quatro itens diferentes de informação (Iy]=0: referência, Iy]=1: quantidade,).
A estrutura resultante é, portanto, uma matriz bidimensional ($listeIx]Iy]). Para compreender o funcionamento desta variável $liste, vamos ilustrar a sua utilização com um exemplo concreto de uma encomenda de três artigos (VB, telemática e base de dados).
Neste exemplo, é possível obter a informação sobre a quantidade do item da base de dados utilizando a variável $listeI2]I1] (que é igual a 1 no exemplo).

$list Ix]Iy]	Iy]=IO] referência	:Iy]=I1]: quantidade
[x]=[0] : artigoO	VB	2
[x]=[1] : artigo 1	Telemática	3
[x]=[2] : artigo2	Base de dados	1

c. Conceção e produção de bases de dados

Chamamos à base de dados da aplicação a Biblioteca de Gestão Digital (Biblionumerique), que é composta por cinco tabelas de acordo com as especificações abaixo.
Estrutura da base de dados Biblionumerique
> Tabela Artigos - agrupa os campos que caracterizam os vários parâmetros dos artigos da biblioteca (referência, autor, descrição, etc.).
> Tabela de tópicos - define os nomes dos tópicos em que os artigos são classificados.
> Tabela de descarregamento - agrupa os campos que caracterizam uma encomenda (data, identificação do cliente, estado do descarregamento, etc.).
> Tabela de listas - agrupa os campos que caracterizam cada item encomendado (referência do item, quantidade encomendada, etc.).
> Tabela de clientes - agrupa os campos que caracterizam

cada cliente (apelido, nome próprio, endereço, endereço eletrónico, palavra-passe, etc.).

V .6. Desafios e perspectivas da biblioteca virtual

Note-se que a Biblioteca Virtual beneficiou de uma *visão clara e coerente,* tanto em termos de objectivos como de plano de funcionamento, desde a sua fase de conceção, e que pôde contar com uma *plataforma técnica estável e de elevado desempenho.* Subsistem alguns desafios:

S *Acelerar* o ritmo da digitalização (volume de documentos educativos digitalizados),

S Gerir as actualizações de documentos já classificados,

S Resolver o problema das ligações quebradas para documentos localizados noutros servidores,

Maior controlo sobre a apresentação dos resultados quando o utilizador utiliza o motor de busca da Biblioteca Virtual (critérios de classificação, etc.).

Dar a conhecer a Biblioteca Virtual de Educação aos utilizadores

Assegurar a participação dos parceiros (fontes de documentos),

S Ter em conta as novas tecnologias relacionadas com a publicação de conteúdos que surgiram nos últimos dois anos (feeds RSS, podcasts, blogues, redes P2P, etc.),

Tirar partido das novas tecnologias de gestão de documentos, nomeadamente dos sistemas inteligentes de gestão de conteúdos (ICMS)

CAPÍTULO VI

TRANSFORMAÇÃO DIGITAL NA ISG-KINSHASA

Embora a utilização de ferramentas de Gestão das Relações com os Clientes (CRM) pareça ser uma obrigação, a implantação e implementação destas soluções tecnológicas não é tão simples como parece. A estreita integração com os processos comerciais, bem como o papel estratégico da solução tecnológica, exigem uma gestão de projeto muito específica.

VI .1. Princípio

www.piloter.org

O código aberto, a gestão do comércio eletrónico e o CRM social, que estão em pleno desenvolvimento, devem ser tidos em devida conta para que o processo de medição e melhoria do valor do cliente seja posto em prática como deve ser.

Não se pode comprar uma solução de CRM numa prateleira. O Customer Relationship Management é um projeto estratégico. Em todos os casos, o impacto sobre o funcionamento da organização é suficientemente significativo para que não nos aventuremos a considerar este projeto de ânimo leve. Antes de iniciar o projeto de implementação da solução, qualquer que seja a sua dimensão, é essencial saber do que estamos a falar. Comecemos por definir e resumir os princípios do software.

Para gerir um projeto empresarial, complexo por natureza, não basta conhecer os métodos e as ferramentas do ofício. O gestor de projectos um pouco experiente sabe muito bem que poderá resolver as dificuldades inerentes ao projeto, começando por criar as condições propícias à confiança mútua entre os homens e mulheres da equipa, bem como com as outras partes interessadas. Em suma, trata-se de usar uma boa dose de bom senso. Mas é preciso saber como pô-lo em prática.

As tecnologias da informação que suportam os sistemas de informação estão em constante evolução e moldam as estruturas internas destes sistemas. A inovação, particularmente dinâmica nas duas últimas décadas, redefine continuamente as suas utilizações. Para melhor compreender as oportunidades estratégicas oferecidas pelas tecnologias da informação, é altamente recomendável analisar os seus princípios.

Apresentação do nosso projeto de transformação digital no Institut Supérieur de Gestion em Kinshasa

Painel de controlo do professor (Gestão de alunos)

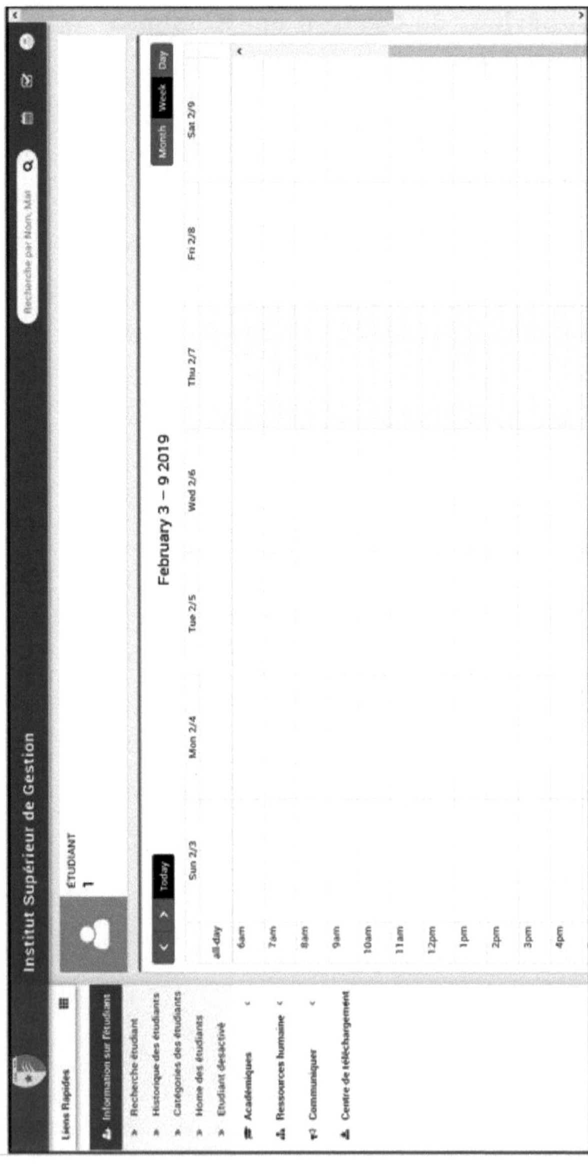

Secção académica para professores

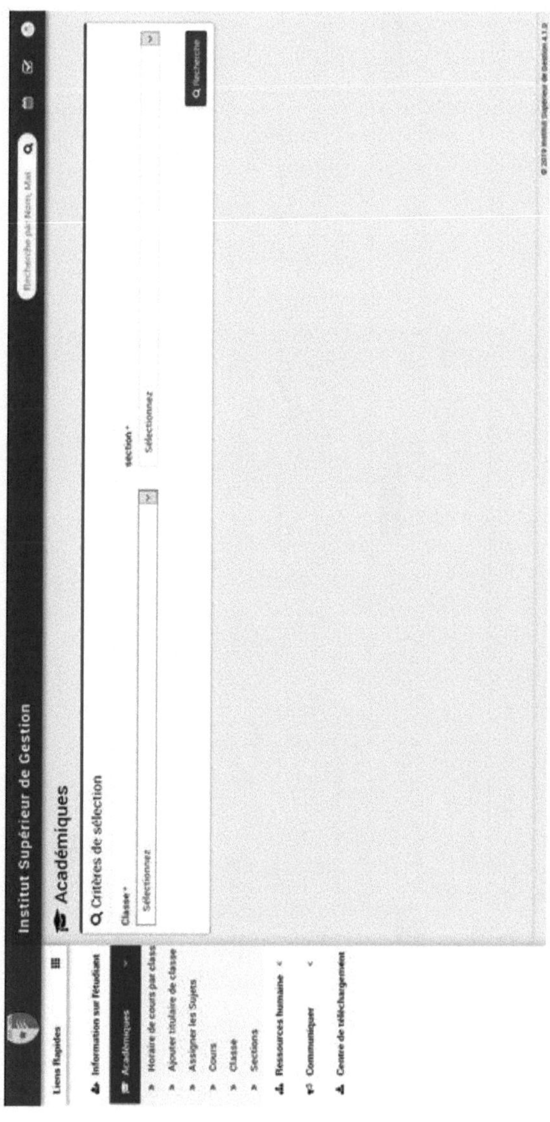

Ver a lista dos agentes e respectivos números de telefone

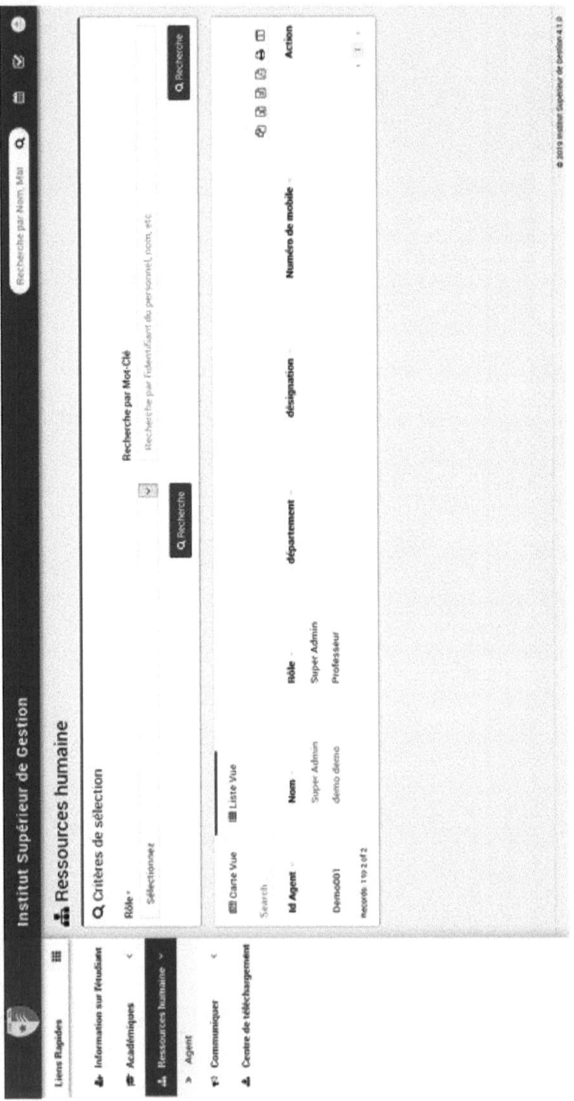

Possibilidade de envio de mensagens através da válvula digital

Capacidade de adicionar ficheiros para descarregar (por exemplo, programas de estudo)

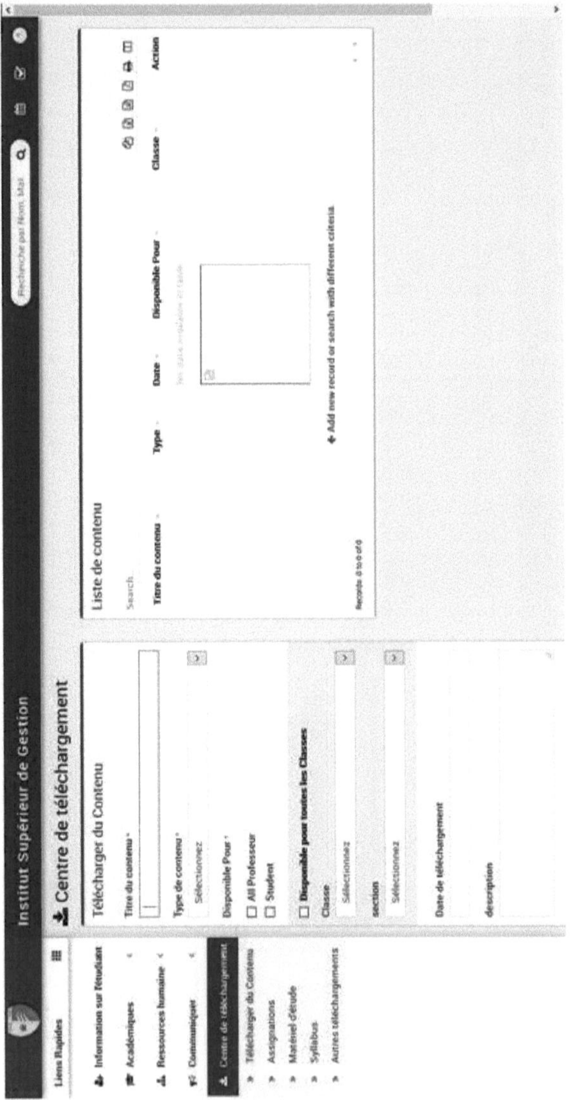

Painel de controlo dos alunos

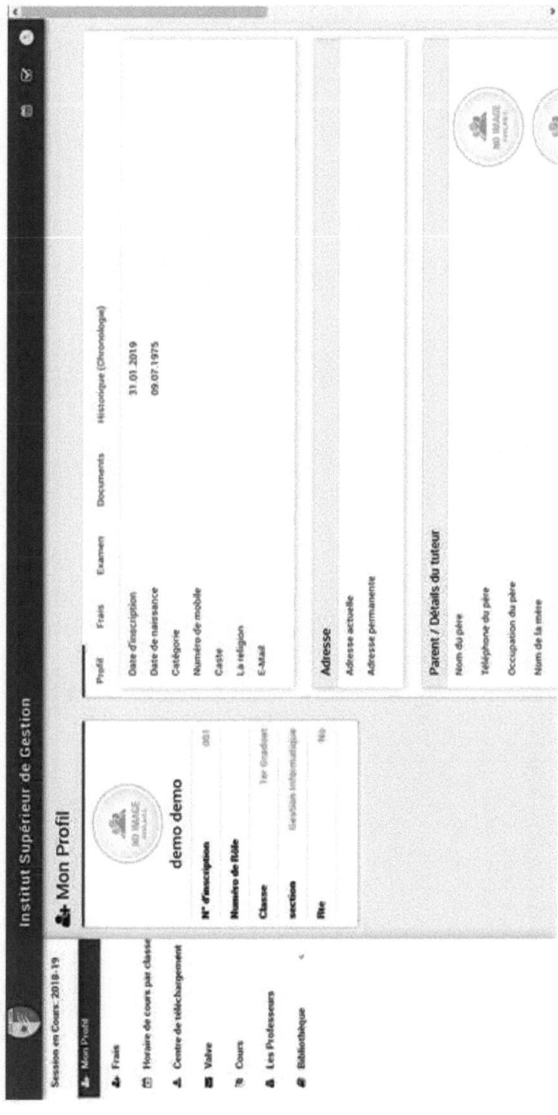

Possibilidade de adicionar diretamente documentos académicos

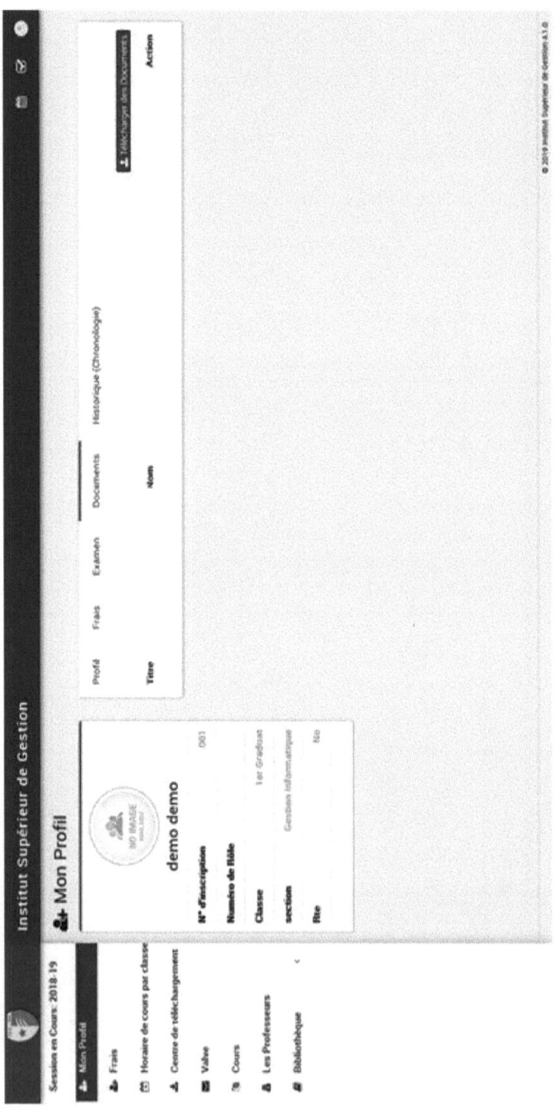

Ver o seu horário de curso

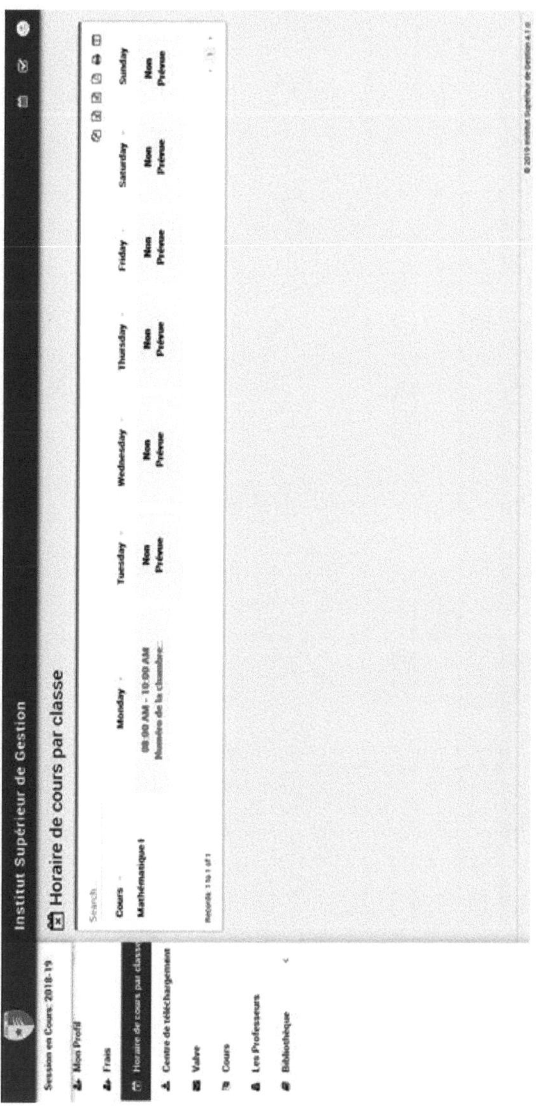

Ver a lista de cursos

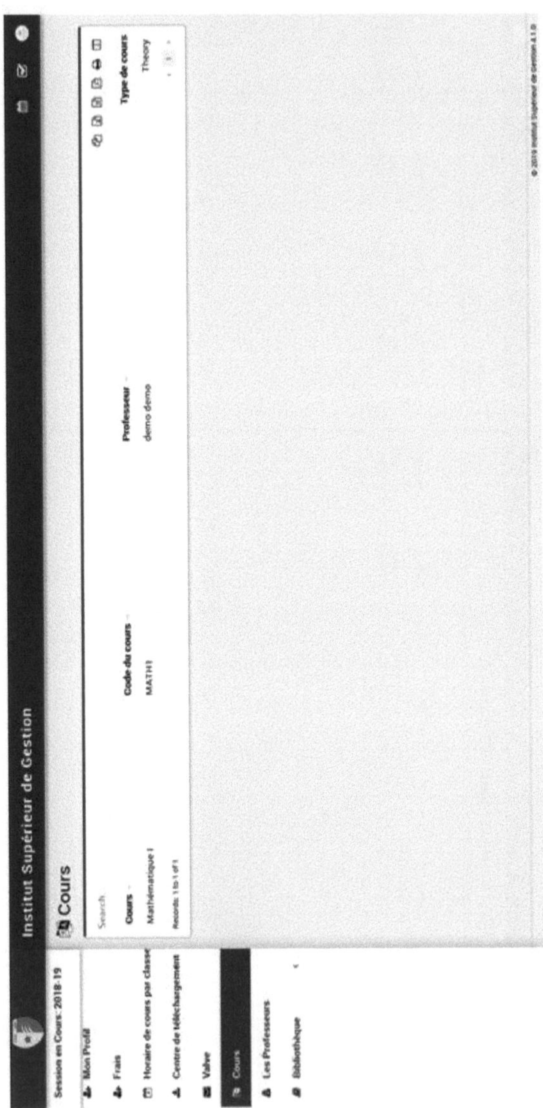

Pode ver a lista de professores e os respectivos graus (assistente, diretor ou professor).

Ver os livros disponíveis na biblioteca com preços e quantidades

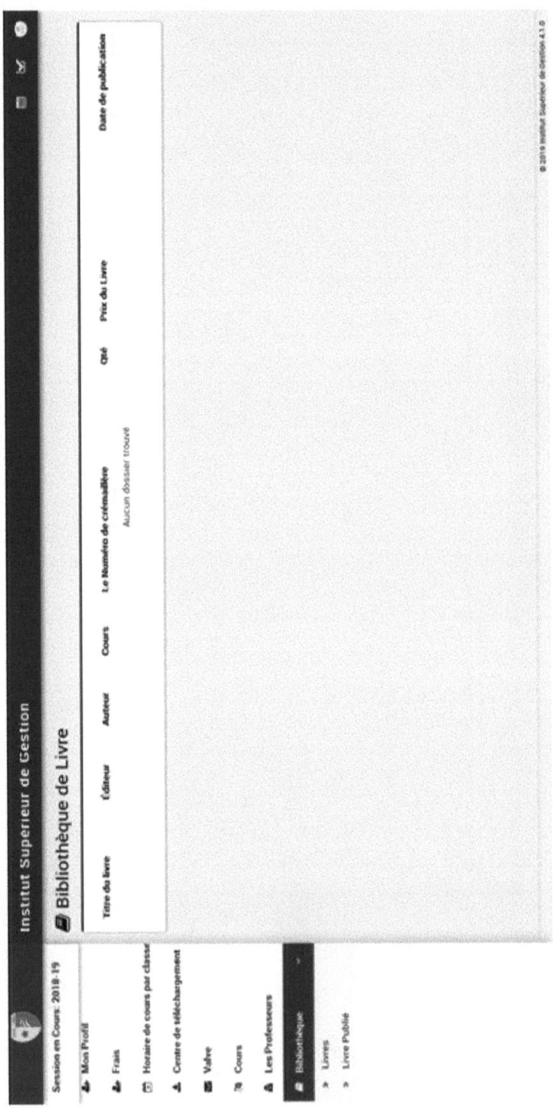

Painel de controlo dos pais com a opção de ver os perfis das crianças

Possibilidade de acompanhar os custos de cada Aluno

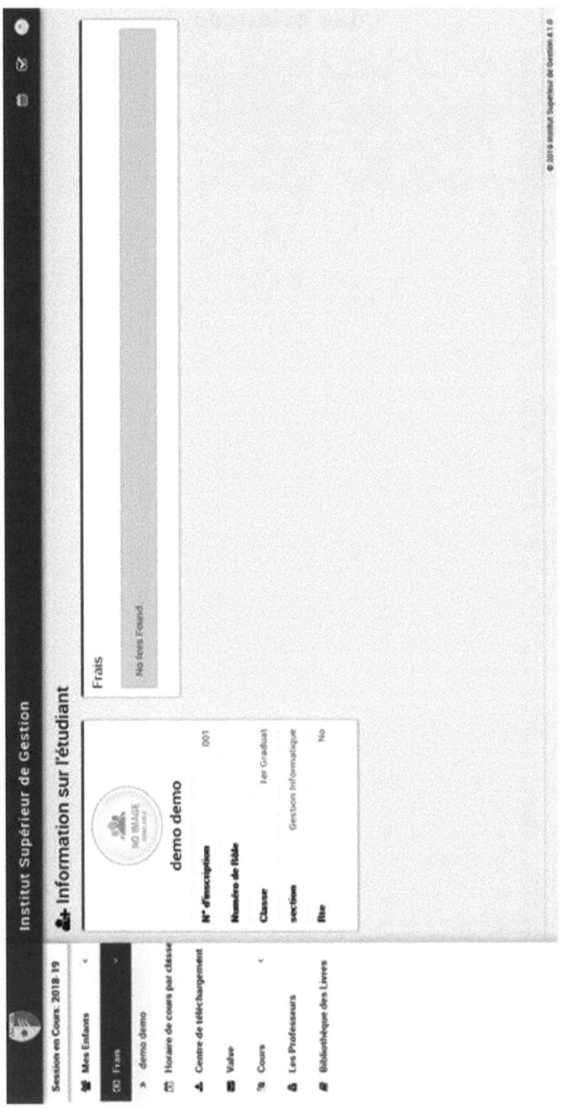

Ver o horário dos cursos para cada Promoção e Faixa

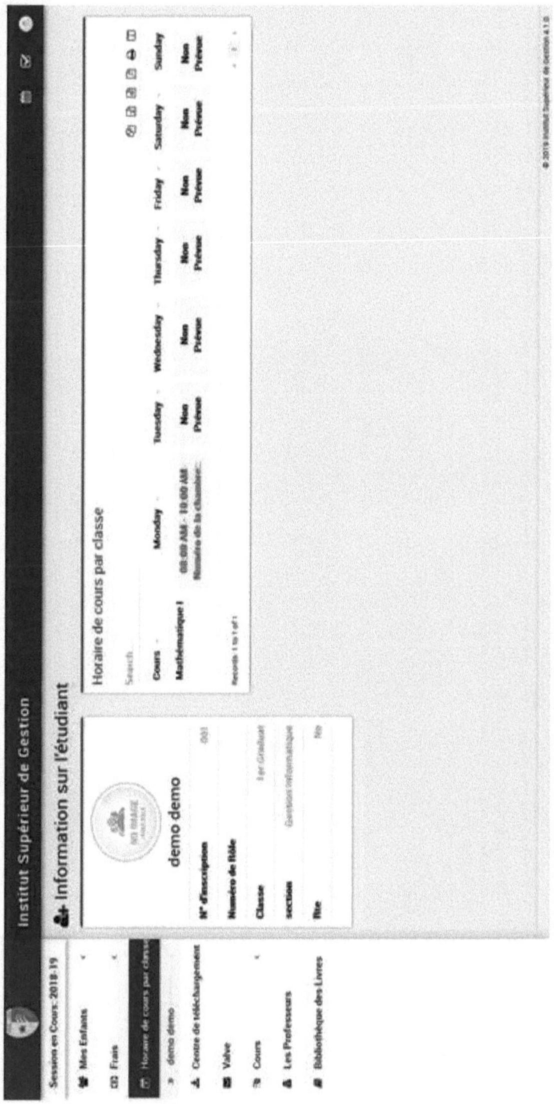

Ver lista de transferências

Ver comunicados de imprensa diretamente da sua conta

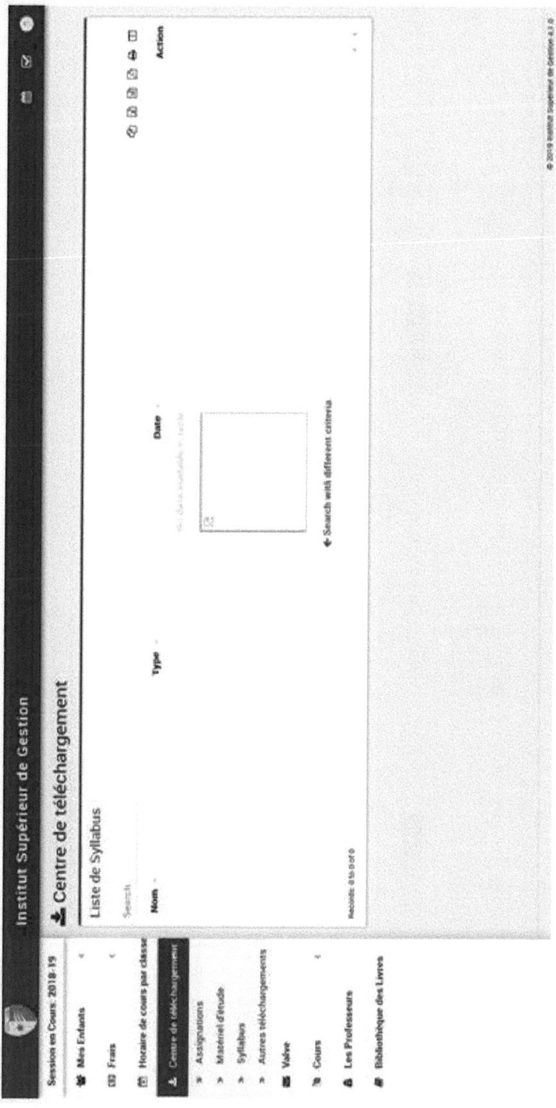

Painel de controlo da contabilidade

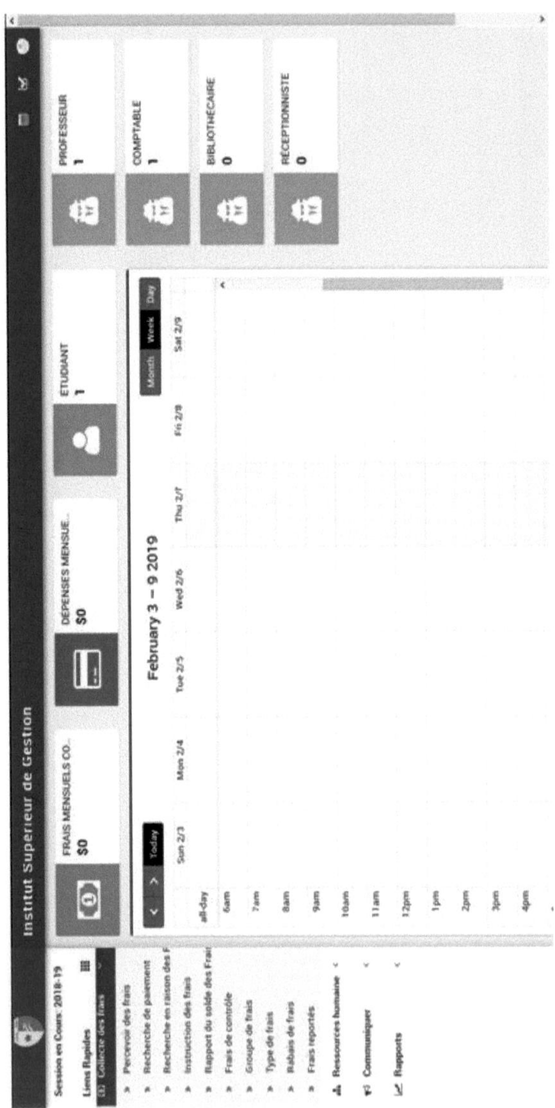

Pesquisa de pagamentos

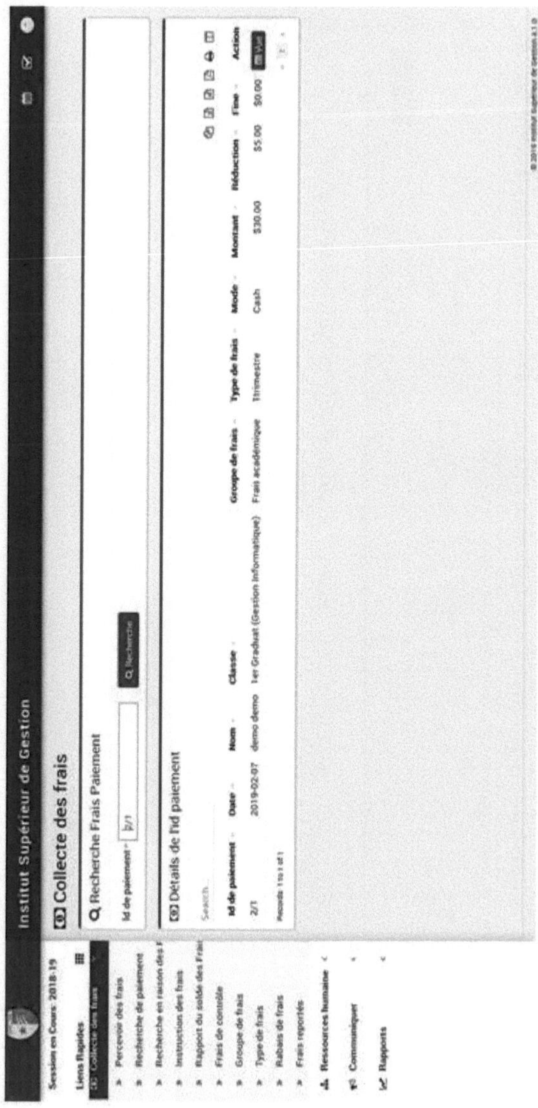

Ver o historial de pagamentos de cada aluno

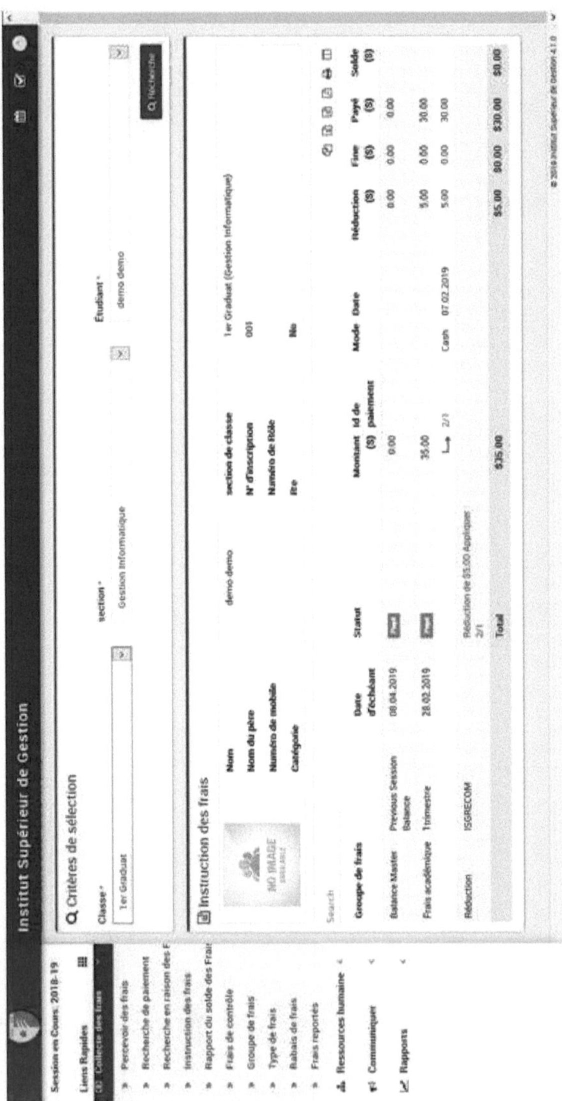

É possível ver os saldos das propinas de cada Aluno

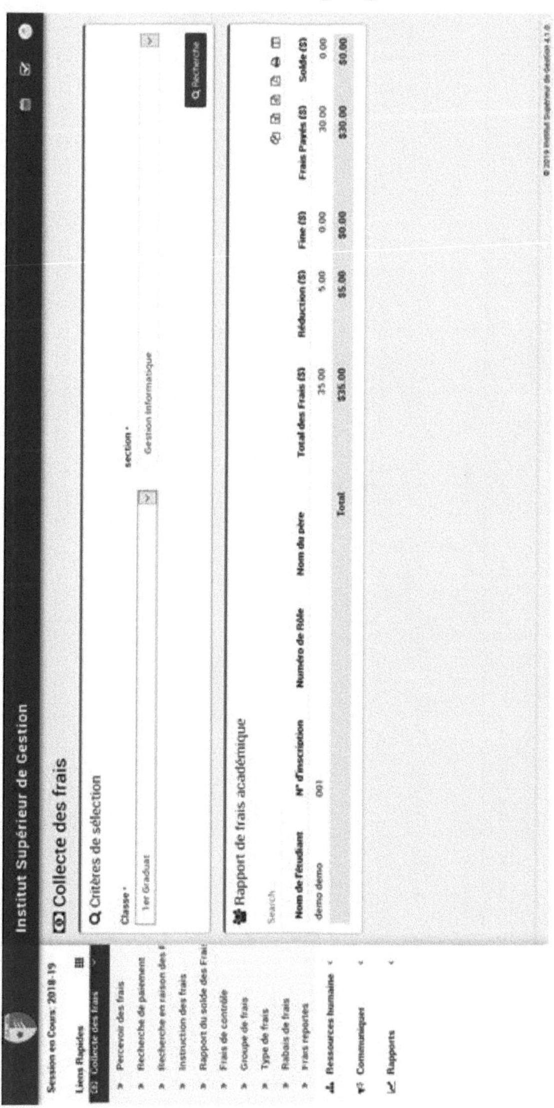

Capacidade de adicionar e atribuir pagamentos

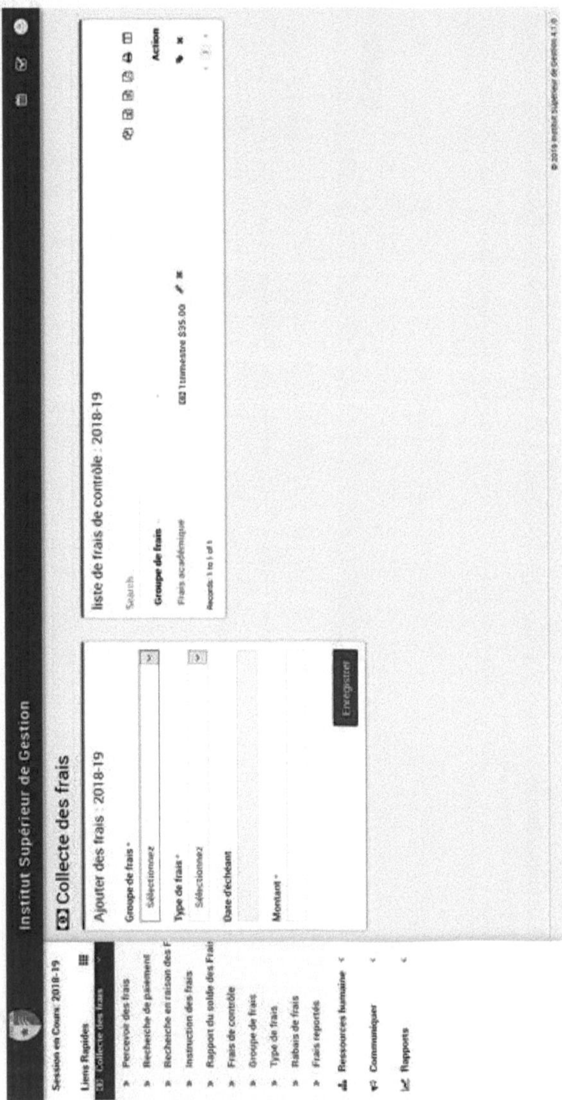

Possibilidade de agrupar custos

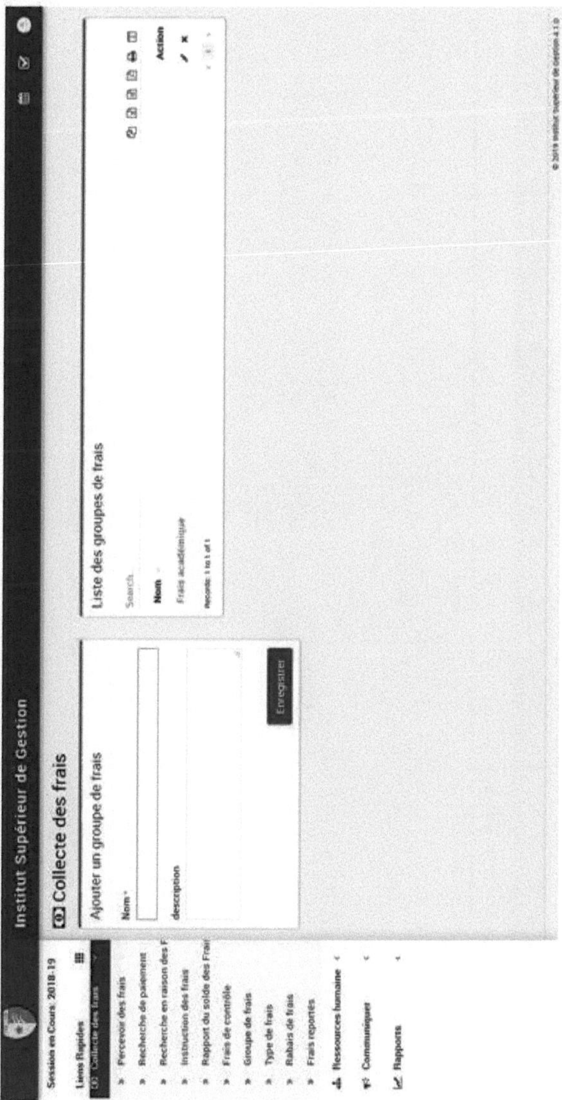

Cada taxa pode ser denominada (por exemplo, 1° trimestre)

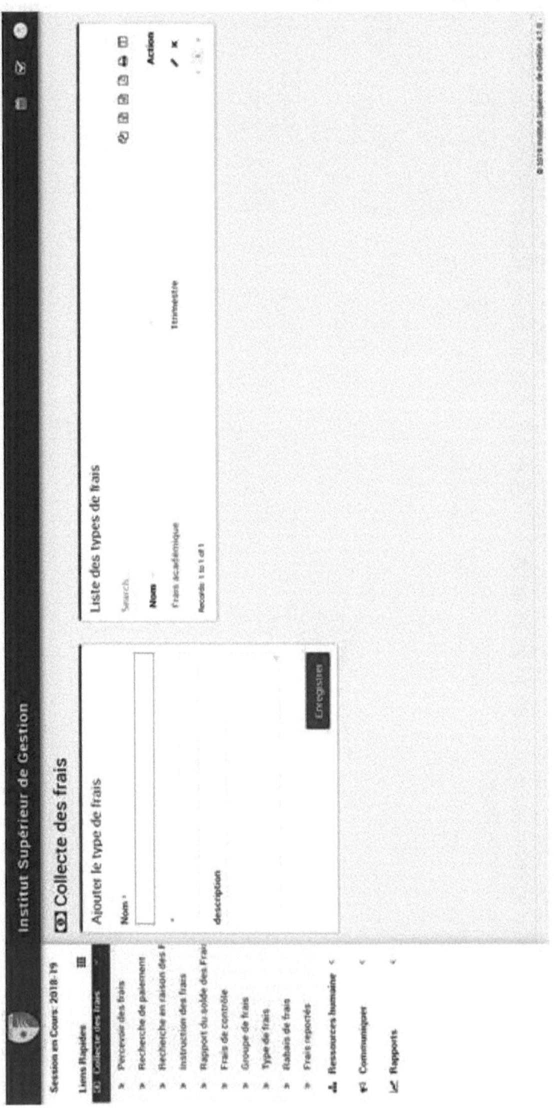

Possibilidade de criar descontos (por exemplo, para correio registado)

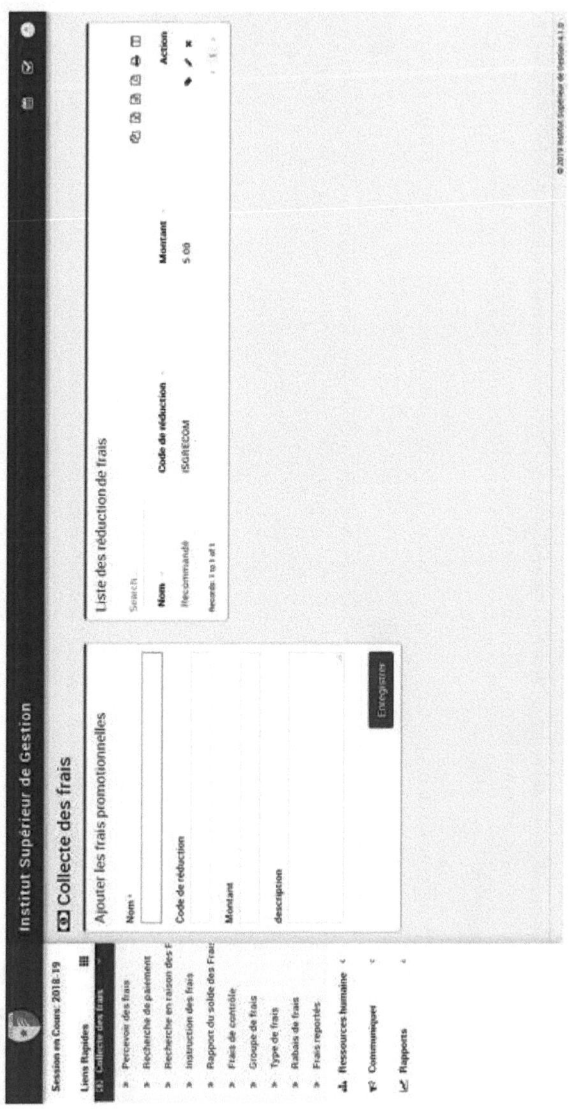

Possibilidade de cobrar os saldos do ano anterior

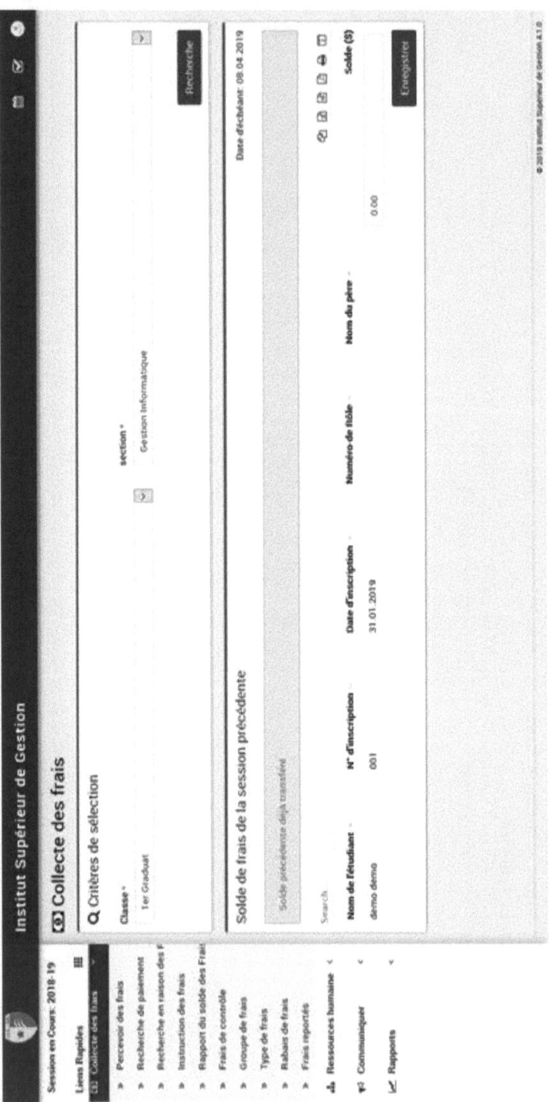

Ver a lista de agentes

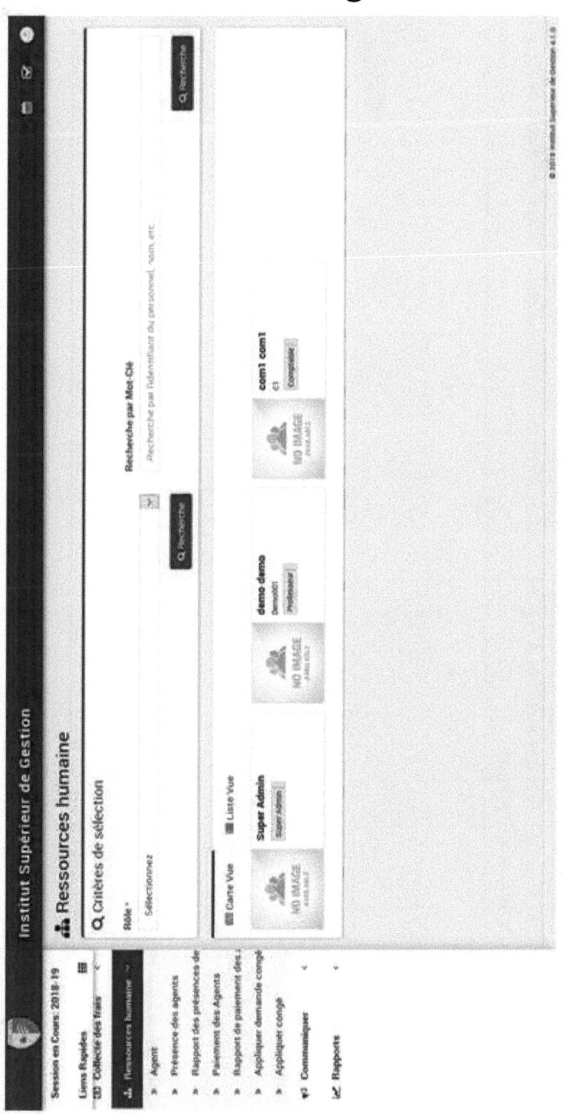

Ver o relatório de assiduidade

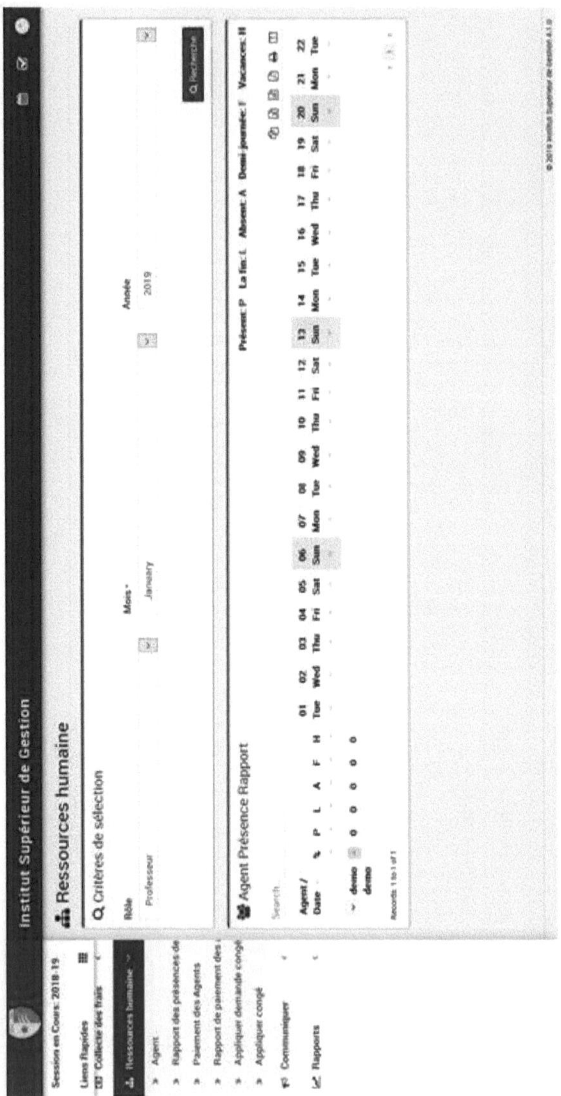

Capacidade de calcular e pagar os salários do pessoal

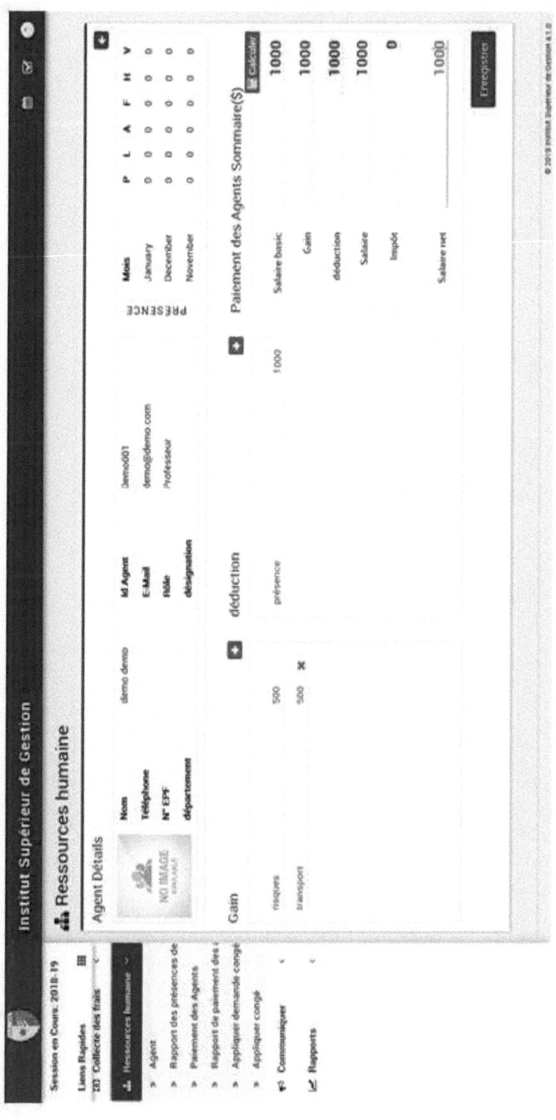

Ver o relatório de pagamento

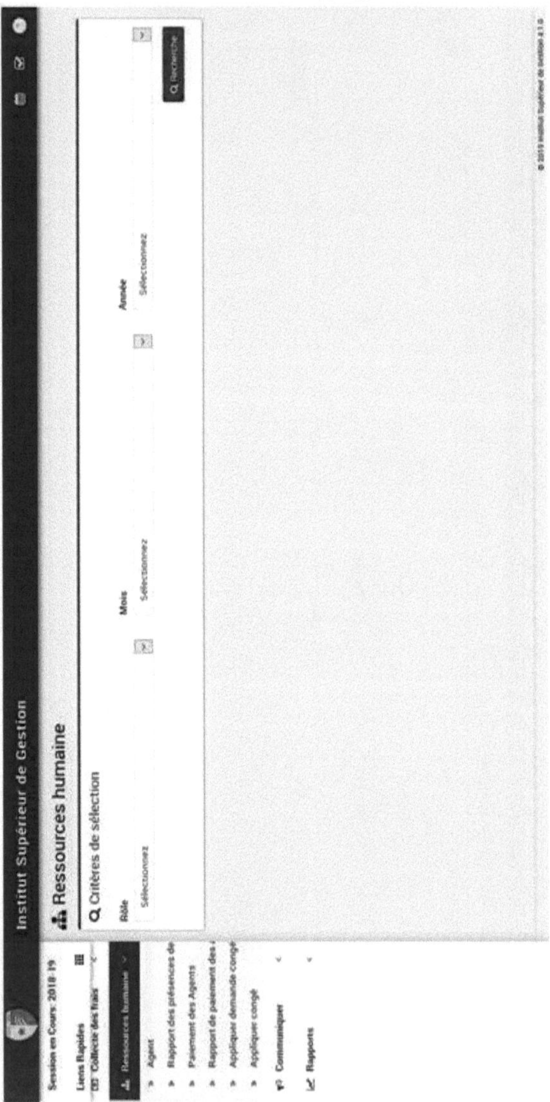

Possibilidade de comunicar com todos os professores

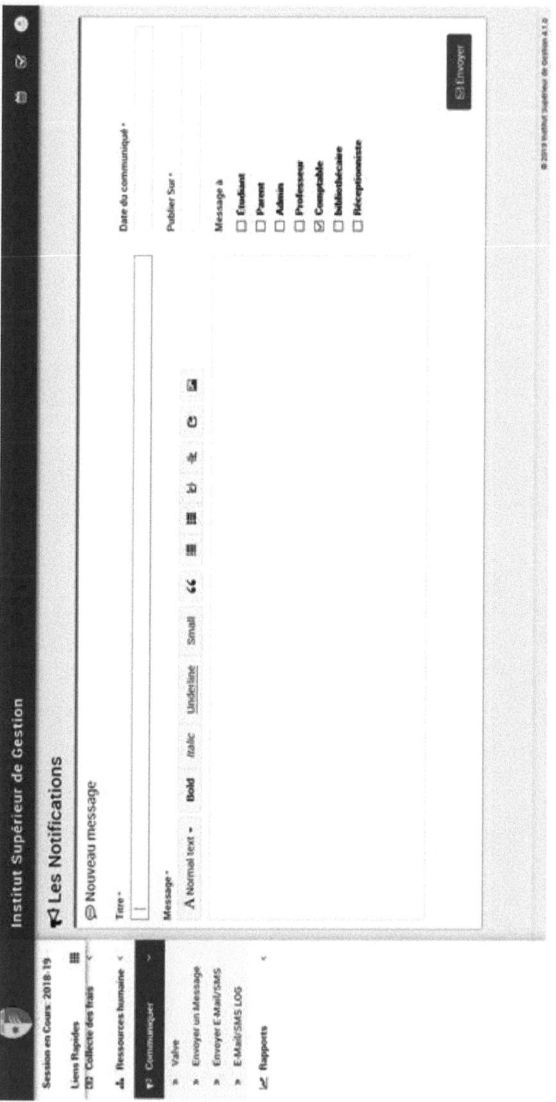

Ver relatórios de ligação

Institut Supérieur de Gestion

Session en Cours: 2018-19

Liens Rapides
- Collecte des frais
- Ressources humaine
- Communiquer
- Rapports
  - Instruction des frais
  - Rapport du solde des Frai
  - Rapport de transaction
  - Rapport de paiement des
  - Rapport des présences de
  - utilisateur log

Rapports

utilisateur log

Tous les utilisateurs | Agent | Etudiants | Parent

Search

Utilisateurs	Rôle	Adresse	Heure de connexion	Utilisateur
com1@demo.com	Comptable	127.0.0.1	07.02.2019 13:58:01	Firefox 64.0, Windows 10
parent1	Parent	127.0.0.1	07.02.2019 13:47:37	Firefox 64.0, Windows 10
std1	Student	127.0.0.1	07.02.2019 13:30:14	Firefox 64.0, Windows 10
demo@demo.com	Professeur	127.0.0.1	07.02.2019 12:56:43	Firefox 64.0, Windows 10
festa@isgkin.nga	Super Admin	127.0.0.1	07.02.2019 12:51:04	Chrome 71.0.3578.98, Windows 10
festa@isgkin.nga	Super Admin	127.0.0.1	06.02.2019 16:02:33	Chrome 71.0.3578.98, Windows 10
festa@isgkin.nga	Super Admin	127.0.0.1	06.02.2019 15:59:23	Chrome 71.0.3578.98, Windows 10
festa@isgkin.nga	Festa	127.0.0.1	06.02.2019 15:55:10	Chrome 71.0.3578.98, Windows 10
festa@isgkin.nga	Festa	127.0.0.1	06.02.2019 15:47:34	Chrome 71.0.3578.98, Windows 10
festa@isgkin.nga	Super Admin	127.0.0.1	06.02.2019 14:17:40	Chrome 71.0.3578.98, Windows 10
festa@isgkin.nga	Super Admin	127.0.0.1	05.02.2019 15:12:57	Chrome 71.0.3578.98, Windows 10
festa@isgkin.nga	Super Admin	127.0.0.1	02.02.2019 14:25:11	Chrome 71.0.3578.98, Windows 10
festa@isgkin.nga	Super Admin	127.0.0.1	01.02.2019 17:01:32	Chrome 71.0.3578.98, Windows 10
std1	Student	127.0.0.1	01.02.2019 12:12:06	Chrome 71.0.3578.98, Windows 10
festa@isgkin.nga	Super Admin	127.0.0.1	01.02.2019 12:10:01	Chrome 71.0.3578.98, Windows 10
festa@isgkin.nga	Super Admin	127.0.0.1	31.01.2019 22:42:28	Chrome 71.0.3578.98, Windows 10
festa@isgkin.nga	Super Admin	127.0.0.1	31.01.2019 13:52:57	Chrome 71.0.3578.98, Windows 10
festa@isgkin.nga	Super Admin	127.0.0.1	30.01.2019 16:48:20	Chrome 71.0.3578.98, Windows 10

CONCLUSÃO GERAL

Chegámos agora ao fim da nossa tese de mestrado em Comunicação Digital, que se centrou no seguinte tema: **Transformação Digital: uma alavanca para a gestão optimizada de uma empresa face à globalização.**

O nosso estudo foi efectuado no Institut Superieur de Gestion de Kinshasa (ISG-Kin), que existe desde 2003 na República Democrática do Congo, na cidade de Kinshasa.

O principal objetivo deste trabalho é permitir ao Institut Superieur de Gestion de Kinshasa responder às necessidades dos seus clientes, face às exigências que nos são impostas pela revolução das novas tecnologias e pela implementação do sistema LMD (Licence-Maitrise-Doctorat).

Para além disso, aumentar as vendas e destacar-se da concorrência através da integração da transformação digital é uma solução inovadora.

Neste trabalho, confirmamos que, perante as mudanças no ambiente atual (concorrência feroz, mudanças tecnológicas, robotização, globalização, etc.), ninguém pode negar que *a "transformação digital"* se tornou um fator incontornável e indiscutível para otimizar a gestão e o desenvolvimento integral de qualquer empresa preocupada em preservar a sua sobrevivência.

O Institut Superieur de Gestion de Kinshasa está atualmente a evoluir num ambiente competitivo sem precedentes, rodeado por quase dez (10) outras instituições de ensino superior e universitárias, quando há cinco (5) anos estava praticamente sozinho na zona.

Para facilitar a compreensão dos nossos leitores e chegar a uma conclusão racional, considerámos o Institut Superieur de Gestion como um produto na sua fase de maturidade.

Esta fase caracteriza-se pelos seguintes elementos:

S A fase de maturidade é a fase em que as vendas de produtos começam a estabilizar após um rápido crescimento.

S Assim, o produto encontrou o seu lugar e as vendas atingiram o seu pico.

Do mesmo modo, o Institut Superieur de Gestion de Kinshasa encontrou hoje o seu lugar e o número de estudantes

ultrapassa atualmente os 19.000, o que prova a sua estabilidade em rápido crescimento. Além disso, alguns dos nossos concorrentes estão a utilizar as mesmas estratégias que o ISG-Kinshasa, nomeadamente a de reduzir os custos através da diminuição das propinas, o que, consequentemente, reduz a eficácia da própria estratégia.
No que diz respeito ao processo de gestão das propinas, os recibos de pagamento continuam a ser compilados manualmente e registados em cadernos que supostamente contêm os dados de todos os estudantes que vêm pagar, apesar de sermos uma Instituição de Gestão Superior.
Consequentemente, é difícil encontrar facilmente informações sobre o estudante que pagou a taxa, porque não se sabe em que documento (livro de registo) se encontra essa informação e alguns estudantes têm vários códigos para si próprios.
Esta situação põe em causa a gestão deste importante processo de gestão das propinas académicas, dado que é o principal processo que permite ao ISG-KIN gerar receitas.
Outro caso é o da biblioteca principal do Institut Superieur de Gestion de Kinshasa, que tem capacidade para 30 pessoas, quando o número estimado de estudantes é atualmente superior a 18.000. Se considerarmos que 60 estudantes podem consultar esta biblioteca todos os dias, serão necessários mais 300 dias para que todos os estudantes tenham acesso a ela, o que equivale a 10 meses, ou seja, ainda mais do que o período previsto para um ano letivo inteiro.
Isto leva-nos a confirmar as nossas hipóteses sobre a integração da transformação digital, que apresentamos nas etapas seguintes:

S Digitalização da biblioteca e automatização do serviço de apoio à biblioteca com chatbots

Ligar os seus dados aos seus processos

S Colocar cada curso em linha

S Acompanhamento do ciclo de vida dos estudantes, desde a admissão até à conclusão do curso

S Numerar todos os processos de pagamento

Esta tese de mestrado está estruturada em seis capítulos, que nos permitiram compreender globalmente os conceitos

subjacentes à transformação digital, a fim de fazer do Institut Superieur de Gestion de Kinshasa um novo produto.
Para tal, a satisfação dos utilizadores, a utilização e o impacto na organização, tanto individual como coletivamente, são critérios a ter em conta. No entanto, não devemos esquecer as dificuldades de determinação e de medição dos indicadores necessários à elaboração de painéis de controlo. A compreensão dos sistemas de informação de gestão exige, portanto, uma abordagem transversal e multidisciplinar (os sistemas de informação têm dimensões técnicas, estratégicas, organizacionais, comportamentais, sociológicas, etc.).
É, sem dúvida, também necessário incluir nesta tese de mestrado o facto de o sistema de informação não ser um sistema fixo; ele muda, transforma-se assimilando as mutações tecnológicas, adaptando-se à estratégia e às escolhas estruturais das organizações. Acompanha estas mudanças, não só monitorizando-as, mas também influenciando-as. Desta forma, o sistema de informação é simultaneamente testemunha e ator da mudança empresarial.
Já não se trata apenas de um período de redução de custos e de domínio dos programas de ensino organizados no ISG-KIN, mas sim de um período de inovação, que é atualmente uma condição essencial para a sobrevivência e o desenvolvimento de muitas empresas. No entanto, para que a inovação se transforme num sucesso convincente no mercado, deve ser condicionada pela implementação de uma estrutura de gestão e de organização favorável ao seu desenvolvimento.
Por último, gostaríamos de informar que este trabalho não é perfeito e pode conter erros, uma vez que foi escrito por uma pessoa imperfeita.
Estamos convencidos de que o nosso trabalho servirá também de referência para todos os investigadores que queiram trabalhar sobre um tema semelhante.

BIBLIOGRAFIA

I. TRABALHO

- **Azan,W. et Beldi,A.,** 2011, " *De la cybernetique a la theorie de la human agency : vers un management des SI cent sur les utilisateurs* ", Management & Avenir, n°39, pp.192-212
- ALBANO Charles (1974) - *Análise transacional no trabalho* - Amacom.
- ALLEN Thomas (1977) - *Managing the Flow of Technology: Technology Transfer and the Dissemination of Technological Information Within the R&D Organization* - The MIT Press.
- ALTER Norbert (2002) - L'innovation ordinaire - PUF.
- ALTSHULLER (1988) - *A criatividade como ciência exacta (biblioteca matemática de bolso)* - CRC Press.
- ARGYRIS Chris e SCHON Donald (1978) - *Organizational learning: a theory of action perspective* - Addison-Wesley.
- ASSELIN Caroline & THAI Antoine (2007) - *A criatividade não peca, ela gere-se!* - As edições Demos. -
- **Beaufils,B., Brandouy,O., Ma,L., et Mathieu,P.,** 2009, "*Simuler pour comprendre : un eclairage sur les dynamiques de marches financiers a I'aide des systemes multiagents", systemes d'Information et Management,* vol. 14, n°4, pp.5170
- **Bezes C.,** 2012, "*La congruence perque des magasins et du site Internet: effets sur le choix du canal d'achat - le cas de la Fnac"*, Vie & sciences d'entreprise, n°190, pp.46-70
- BADOT Olivier (1998) - Theorie de l'entreprise agile - L'Harmattan.
- BASSO Olivier (2004) - *L'intrapreneuriat* - Economica.
- BAUMOL William (2002) - *The free-market innovation Machine: Analyzing the growth miracle of capitalism* - Princeton University Press.
- BELANGER Laurent, MERCIER Jean (2006) - *Autores e textos clássicos da teoria das organizações* - Presses Universite Laval.
- BETZ Frederick (2003) - *Managing technological innovation: Competitive advantage from change* - John Wiley & Sons.
- BLANCO Sylvie & LE LOARNE Severine (2009) - *Gestão da inovação* - 2009

- BOY Jacques, DUDEK Christian, KUSCHEL Sabine e CHAVET Rudolf (2003) - *Management de projet* - De Boeck.
- BOOZ Edwin, ALLEN James & HAMILTON Carl (1982) - *New product management for the 1980s* - BAH, Nova Iorque.
- BURNS Tom e STALKER George (1963) - *The management of innovation* - Oxford University Press.
- BRAUDEL Fernand (1985) - *A Dinâmica do Capitalismo* - Flammarion.
- BRUNET Thierry et al (2005) - *Gestão de organizações* - Breal
- **Caseau,Y.**, 2008, Urbanisation, SOA et BPM - *Le point de vue d'un DSI,* Dunod.
- **Chanegrih,T.,** 2012, *"Les outils de controle de gestion : entre stabilite et changement",* Management & Avenir, vol. 8, n°58, pp.95-115
- CATMULL Edwin (2008) - The Pixar Touch: The Making of a Company - Knopf.
- CHANDLER Alfred Dupont (1962) - *Strategies et structures de l'entreprise* - Editions D'organisation.
- CHRISTENSEN Clayton Michael (1997) - *Innovator's dilema: When New Technologies Cause Great Firms to Fail* - Harvard Business Press.
- CHESBROUGH Henry William, VANHAVERBEKE Wim & WEST Joel (2006) - *Open innovation: researching a new paradigm* - Oxford University Press
- CARRIER Camille (1997) - *De la creativite d intra-empreendedorismo* - PUQ.
- COSTER Michel (2009) - Entrepreneuriat - Pearson Education.
- CRUTCHFIELD Krech (1962) - *Individual in society A textbook of social psychology* - McGraw-Hill Book Company.
- **Deltour,F.,** 2012, *"TIC et innovation organisationnelle", Systeme d'Information et Management,* vol. 17, n°2
- **Dinet,J.,** 2008, *Usages, usagers et competences informationnelles au xxie siecle,* Hermes.
- DELMOND Marie-Helene, PETIT Yves & GAUTIER Jean-Michel (2008) - *Gestão dos sistemas de informação* - Dunod.

- DYSON James (2005) - *O espírito do design* -Sw-Telemaque Editions.
- **Eynaud,P.,** 2010, *"Analyse comparative des strategies Internet de deux associations",* systeme d'Information et Management, vol. 15, n°1, pp.69-95
- EMERY Frederick Edmund (1969) - *System Thinking* - Penguin Books.
- GAREL Gilles (2003) - *Le management par projet* - La decouverte.
- GELINIER Octave (1968) - *Gestão participativa por objectivos* - Pessoas e técnicas.
- GETZ Isaac (2003) - *As suas ideias mudam tudo!* - Editions d'Organisation.
- GIRARD Bernard (2006) - *Uma Revolução na Gestão: o modelo Google* - Edições M21.
- HAMEL Gary (2007) - *O Futuro da Gestão* - Harvard Business Press.
- HALL Edward Twitchell (2008) - *A dimensão oculta* - Seuil.
- HERRMANN Ned (1990) - O Cérebro Criativo - Grupo Ned Herrmann.
- HUGUET Pascal & MONTEIL Jean-Marc (2001) - *A regulação social dos desempenhos na sala de aula: um esboço teórico* - Psicologia Social da Educação.
- JOSEPHSON Matthew (1959) - Edison: A Biography - Wiley.
- JOLIVET Francois (2003) - *Gerir a empresa por projectos: Os métodos de gestão por projeto* - Management et Societe (EMS).
- KHANDWALLA Pradip (1976) - *The design of organizations* - Harcourt Brace.

MACGREGOR Douglas (1960) - *The human side of enterprise* - McGraw-Hill.

MAILLAT Denis (1993) - *Redes e ambientes de inovação inovadores: uma parceria para o desenvolvimento regional* - Neuchatel, EDES.

MALSEED Mark & VISE David (2005) - *A história do Google* - Thomas Arnold Publishing.

MARÇO Gardner James & SIMON Herbert (1965) - Les organisations - Dunod.

MAYO George Elton (1933) - *The Human Problems of an*

Industrial Civilisation - The Macmillan Company.
MINTZBERG Henri (1982) - *Estrutura e Dinâmica de Organizações* - Editions d'Organisation (nova versão 1988).
MORITZ Michael (1984) - *The little kingdom: The private story of Apple computer* - William Morrow & Co.
NELSON Richard R. WINTER e Sidney G. (1982) - *An Evolutionary Theory of Economic Change* - Belknap Press of Harvard University Press.
NONAKA Ikujiro & TAKEUCHI Hirotaka (1995) - *The KnowledgeCreating Company: How Japanese Companies Create the Dynamics of Innovation* - Oxford University Press.
Lee D. (1992) - *Job Challenge, Work Effort, and Job Performance of Young Engineers: A Causal* Analysis - Engineering Management.
PIAGET Jean (1986) - *Le Structuralisme N°1311* - Presses Universitaires De France, coleção Que Sais-Je.
PLANE Jean-Michel (2003) - *Theorie des organisations* - Dunod, 2ª edição.
PONS Francois-Marie & De RAMECOURT Marjolaine (2001) - *L'innovation a tous les etages : Comment associer les salaries a une demarche d'innovation* - Editions d'Organisation.
PORTER Michael (1985) - *Competitive Advantage: Creating and Sustaining Superior Performance* - Simon & Schuster Ltd.
RICARDO David (1817) - *Princípios de economia política e fiscalidade* - Versão eletrónica.
SAADOUN Melissa (2000) - *Informática e gestão* - Publicações Hermes Science.
SAINSAULIEU Renaud (1977) - *L'identite au travail* - Presses de Sciences Po.
SAUTERON Francois (2009) - *La chute de l'empire Kodak* - L'Harmattan.
SENGE Peter (1991) - *A quinta disciplina* - Primeiro.
SCHUMPETER Joseph (1912) - *Teoria da revolução económica: Investigação sobre o lucro, o crédito, o juro e o ciclo económico* - Versão eletrónica com uma introdução de François Perroux.
SCOTT & MITCHELL (1976) - *Organização das actividades sociais* - Prentice-Hall.
SCULLEY John (1988) - *De Pepsi d Apple* - Grasset.

SMITH Adam (1776) - *An Inquiry into the Nature and Causes of the Wealth of Nations* - Versão eletrónica.

STRASSER Christopher & POISTER Theodore (1982) - *As organizações devem inovar para sobreviver* - Universidade Estadual da Pensilvânia, Great Valley.

TAYLOR Frederick Wilson (1911) - *Os princípios da gestão científica* - Versão eletrónica.

TWISS Brian (1992) - *Managing Technological Innovation* - Pitman (4ª edição).

TERNINKO John, ZUSMAN Alla & ZLOTIN Boris (1998) - *Systematic innovation: an introduction to TRIZ* - St. Lucia Press.

TYLOR Edward Burnett (1876) - *A civilização primitiva* - Reinwald, tradução francesa

VON HIPPEL Eric (1988) - *A fonte da inovação* - Oxford University Press

ZARIFIAN Philippe (2005) - *Competências e estratégias* Edições Liaisons.

II. Notas de curso

1. **NIKIANA MAZAMBA C.,** 2021, *Theorie des organisations et Management,* L1 Management, ISG-Kinshasa, Inedit, página 56
2. **Gilbert ATASA,** 2022, *Notes de Cours de NTIC, L1 Management,* UNIKIN, Inedit.
3. **MAGUIRAGA,** 2021, Cours de Cybercriminalite et Reseaux Informatiques, L1 Polytechnique, UNIKIN, Inedit.
4. MANSHIMBA KAPINGA J., 2022, Macroeconomia, L2 Toutes les Filieres, ISG-KIN, Inedit.

III. Teses e dissertações

FOREST Joëlle (1999) - *L'Economie de la conception au coeur du processus d'innovation* - These de Doctorat en Economie de la production, Universite Lumiere Lyon II, Faculte de Sciences Economiques et de Gestion.

GRANGE Louis-Alexandre (2008) - *Factores de estímulo à criatividade e eficácia de um processo de criatividade cruzada entre duas empresas* - Master of Research in Economics and Innovation Management.

BOLDRINI Jean-Claude (2005) - *L'accompagnement des projets d'innovation : Le suivi de l'introduction de la methode TRIZ dans des entreprises de petite taille* - These de Doctorat en Droit et

Sciences Sociales, Universite de Nantes, Faculte des Sciences Economiques et de Gestion.
ROMON Francois (2003) - *Le management de l'innovation, essai de modelisation dans une perspective systemique* - Tese de doutoramento na Ecole Centrale de Paris, Disciplina: Gestão.

IV. Artigos científicos

ALTER N. (1993) - *Inovação e organização: duas legitimidades em concorrência* - Revue francaise de sociologie.
AMABILE, T. M. & GRYSKIEWICZ S. (1987) - *Creativity in the R&D laboratory: How Environment and Personality Impact Innovation* - Handbook for Creative and Innovative Managers.
AMABILE, T. M. (1988) - *A Model of Creativity and Innovation in Organizations* - Research in Organizational Behavior, vol. 10.
ANDERSSON M. & LOOF H. (2009) - *Caraterísticas-chave da pequena empresa inovadora* -
Série de documentos de trabalho electrónicos da Cesis.
ANSOFF I. (1975) - *Managing Strategic surprise by response to weak signals* - California Management Review, vol. 18.
AKRICH M. (1993) - *Les formes de la mediation technique* - Reseaux, n° 60, julho-agosto.
BALBONTIN et al (1999) - *New product development success factors in American and British firms* - International Journal of Technology Management, vol. 17.
BARDINI T. (2000) - *Les promesses de la revolution virtuelle : genese de I'informatique personnelle, 1968-1973* - Sociologie et societes, vol. 32.
BARNES L. (1961) - *Organizational Systems and Engineering Groups: A Comparative Study of Two Technical Groups in Industry* - Administrative Science Quarterly, vol. 6, n° 3.
BARON R. A. (2004) - *The cognitive perspective: a valuable tool for answering entrepreneurship's basic why questions* - Journal of Business Venturing, vol. 19.
BARON-COHEN S. (2002) - *The extreme male brain theory of autism* - Neurodevelopmental Disorders, MIT Press.
CASH J., EARL M. & MORISON R. (2008) - *Teaming Up to Crack Innovation Enterprise Integration* - Harvard Business School.
COLLINGS D. G, DONNELLAN B. & WHELAN E. (1997) -

Managing talent in knowledge-intensive settings - Journal of Knowledge Management, vol. 14.
COX T. e BLAKE S. (1991) - *Managing Cultural Diversity: implications for organizational competitiveness* - Academy of Management Executive, vol. 5.
BOMSEL O. & LE BLANC G. (2000) - *Innovation et économie numerique* - Encyclopedie de l'innovation, Editions Economica.
CALLON M. (1986) - *Elementos para uma sociologia da tradução. A domesticação dos coquilles Saint-Jacques na Baía de Saint-Brieuc* - L'Annee sociologique, n°36.
FIOL M. (1996) - *Squeezing harder doesn't always work: continuing the search for consistency in innovation research* - The Academy of Management review.
HURLEY R. & HULT T. (1998) - *Innovation, Market Orientation, and Organizational Learning: An Integration and Empirical Examination* - Journal of Marketing.
JOYAL A. (1995) - *Le concept de milieu et les PME innovantes et exportatrices: etudes de cas le Quebec non-metropolitain* - GREPME, Universite du Quebec a Trois-Rivieres.
KLINE S. & ROSENBERG N. (1986) - *An overwiew of innovation* - National Academies Press.
KOENING G. (1994) - *L'apprentissage organisationnel : reperage des lieux* - Revue francaise de gestion, n° 97.
LUBART T.I. & STERNBERG R.J. (1995) - *Ten tips towards creativity in the workplace* - Action in Organizations, Sage Publication.
MACKINNON D W. (1962) - *The nature and nurture of creative talent* - Amer. Psychol. vol. 17.
MALERBA F. & ORSENIGO L. (1993) - *Regimes Tecnológicos e Comportamento das Empresas* - ICC
MULGAN G. & ALBURY D (2003)- *Innovation in the Public Setor* - Trabalho a aguardar publicação.
O'REILLY C. A .& TUSHMAN M. L (1996) - *Ambidextrous organizations: Managing evolutionary and revolutionary change* - California Management Review, Summer 96, vol. 38.
LAPLANTE N. et al (2000) - *Innovation, organisation et relations de travail : une etude des processus de changement dans les services publiques* - Document de travail, Département de

relations industrielles, Universite du Quebec a Hull.
LORINO P. (1998) - *Organização e inovação: a organização à francesa* - Realites Industrielles, série dos Annales des Mines.
READ A. (2000) - *Determinants of successful organizational innovation: a review of current research* - Journal of Management Practice, vol. 3.
RHODES M. (1961) - *Uma análise da criatividade* - Phi Delta Kappan.
RICHARDSON G. B. (1978) - *The Organization of Industry* - Economic Journal, vol. 82.
RINGLAND G. (2006) - *Introdução ao planeamento de* cenários - Scenarios in Marketing.
RINGELMANN M. (1913) - *Recherches sur les moteurs animes: Travail de l'homme* - Annales de l'Institut National Agronomique, 2nd series, vol. 12.
VAN DE VEN A. (1986) - *Central problems in the management of innovation* - School of Management, The University of Minnesota.
VERNON R. (1966) - *International investments and International trade in the product cycle* - The Quarterly Journal of Economics.
SCOTT R. & RUEF M. (1998) - *A Multidimensional Model of Organizational Legitimacy: Hospital Survival in Changing Institutional Environments* - Administrative Science Quarterly, vol. 43.
TAGGAR S. (2002) - *Individual Creativity and Group Ability to Utilize Individual Creative Resources: A Multilevel Model* - The Academy of Management Journal, vol. 45 n° 2. 45, n° 2.
TAYLOR W. et al (1958) - *A participação do grupo na utilização do Brainstorming facilita ou inibe o pensamento criativo?* - Administrative Science Quarterly, vol. 3, n° 1.
TAYON J. (2002) - *O projeto Linux é um modelo possível para uma empresa inovadora?* - CNAM.
THOMKE S. H. (2001) - *O essencial para uma vida iluminada*
Experimentação - Artigo da Harvard Business Review.

Printed by Books on Demand GmbH, Norderstedt / Germany